분별은
개념이다

분별은 개념이다

발행 초판 1쇄 2022년 5월 30일

지은이 김민호
펴낸이 박준우
펴낸곳 리바이벌북스
디자인 리폼드미니스트리·디자인별
판권 ⓒ리바이벌북스
주소 경기도 의정부시 승지로 4, 4층
전화 070-8861-7355 팩스 031-851-7356
www.revival153.com
E-mail revivalbooks@naver.com
홈페이지 www.revival153.com
ISBN 979-11-978407-6-0 (03230)
등록 제2015-000012호 (2015.03.27.)

분별은 개념이다

김민호 지음

리바이벌북스

목차

추천사

그리스도인은 이 땅에서 어떤 존재인가? 세상 속에 침투하여 어두움을 빛으로, 문제가 있는 곳에 문제를 해결하며, 부패한 곳을 정화시키는 복된 존재이다. 그런데 지금의 교회는 하나님 나라와 진리로부터 점점 멀어져가고 분열과 세속화로 물들어져 가고 있다. 가정은 불경건해지고 시대는 점점 어두워져 가고 있다. 김민호목사님의 개념 시리즈는 이 문제에 대한 정확한 대안을 제시해 주고 있다. 그리스도인들은 세상의 흐름을 좇아가는 것이 아니라 세상과 구별된 존재, 안목(분별)의 변화가 일어나야 함을 말하고 있다. 우리는 성경적 용어를 세상에 맞춰서 생각하고 사용한다. 개념 시리즈는 이 부분부터 철저히 깨트려 줄 것이다. 나 자신에게도 이 설교는 엄청난 충격과 두려움을 안겨 주었다. 그리고 목사님은 충격으로 끝나는 것은 소용이 없다고 한다. 나의 것으로 소화할 때까지 묵상과 기도와 실천을 쉬지 말라고 한다. 이 책의 목표가 여기에 있다고 생각한다. 왜냐하면 이 책은 이런 태도를 견지할 때 어디에서든 빛을 발하여 가정을, 교회를, 세상을 회복시키는 존재가 될 것이기 때문이다. 이런 차원에서 이 책을 적극적으로 추천하고자 한다.

_이연화 사모

크기와 방향을 동시에 가지는 물리량을 벡터라고 한다. 여러 개의 벡터가 모여 있지만 방향이 일치하지 않을 때 크기는 줄어들거나 목적지에서 벗어나게 된다. 반대로 크기가 작을지라도 방향이 같은 벡터들이 모일 때 원하는 목적지에 도달할수 있다. 김민호 목사님의 개념 시리즈는 각각의 달란트(크기)를 가진 성도들에게 하나님의 영광이라는 성경적 목적(방향)을 제시해 주는 나침판과 같은 책이다.

_고두현 집사

본서는 날카로운 검 같다. 분별, 회심, 사랑, 의, 연합, 성화 등 중요한 신학적 개념들을 둘러싸고 있는 우리 안의 오류들을 주저 없이 도려내기 때문이다. 이러한 피상성이 벗겨지고 그간 가져왔던 오류들을 직면할 때 고뇌와 고통이 수반되지만, 진리 위에 좀 더 똑바로 설 수 있는 기회가 주어졌다는 감사함이 독자로서 더 크게 느껴지는 것 같다. 저자 목사님을 가까이에서 지켜보며 한 가지 확신할 수 있는 것은, 하나님을 매일 가깝게 경험하는 목사님의 경건의 능력과 한국교회와 성도를 향한 사랑이 본서의 기저에 짙게 깔려있다는 것이다. 오랜 시간의 목회, 기도, 영적인 씨름이 벼려낸 역작이라고 생각한다. 정치, 교육, 코로나, 동성애 등 혼란이 만연한 때에 올바른 신학적 관점 가운데 '분별'을 갖추고 싶은 모든 성도들에게 이 책을 강력하게 추천한다.

_김성원 간사

'분별'이 부족한 곳에는 모든 것이 부족하다.

'분별'과 통찰 없이 자유인이 될 수 없다.

'분별'은 중요함을 넘어 분별이 전부다.

'자유'는 분별하는 자들과 통찰하는 자들의 몫이다!

_김연표 집사

아담의 첫 범죄 이후 보통 생육법으로 이 땅에 완전한 사람은 존재할 수 없다. 하지만 때에 따라 특별한 사명을 받은 주님의 종은 세워지기 마련이다. 그 사명을 담지한 담임 목사님의 깊은 눈을 마주할 때면 나 자신의 부끄러운 신앙의 민낯을 보게 된다. 이번에 출간된 담임 목사님의 저서는 바로 모든 독자들을 향한 그 깊은 눈이다. 본서로 인해 독자의 신앙의 민낯은 드러나고 말 것이지만 걱정할 필요는 없다. 오히려 그리스도의 거룩한 얼굴을 마주하는 기회를 얻을 것이다. 전래 없이 혼탁한 현실 속에서 실제적인 개념의 변화는 우리의 삶을 개혁하는 거룩한 전쟁의 시작이 될 것이라 확신한다. 속히 책을 집어 들고 읽기를 추천한다.

_윤민호 집사

하나님이 사용하시는 김민호 목사님의 말씀과『신앙은 개념이다』,『예배는 개념이다』이 두 권의 책을 통해 신앙과 예배의 "왜곡"이 일상이었던 "개념" 없는 크리스천인 내게 안목이 열리는 놀라운 은혜를 경험하게 하셨다. 이 동일한 은혜를 모든 독자 분들과 함께 나누고 싶어 추천을 하게 되었고, 이번 출간된『분별은 개념이다』를 통해 독자들이 미혹과 혼돈이 가득하고 전제가 빼앗겨져 가는 세대에 그리스도인의 안목이 열려 빼앗긴 신앙의 전제(용어의 개념)를 되찾는 풍성한 은혜를 누리는 성도님들이 되기를 바란다. 또한 이 동일한 은혜가 개인과 가정, 더 나아가 한국교회와 나라가 변화되어지는 놀라운 역사를 보기를 기대하고 소망한다.

_이건협 집사

오늘날 이 시대는 선과 악의 개념이 바뀐 시대가 되었다. 선과 악의 개념은 용어 하나로 그 뜻과 의미가 달라진다. 악한 자들은 오래전부터 이것을 알고 있었기에 이 유리한 고지를 찬탈하기 위해서 용어에 손을 댄지 오래다. 왜냐하면 용어 찬탈은 전투에서 무혈입성(無血入城)과 같기 때문이다. 그래서 영적전투에서 분별은 기독교인으로서 반드시 소유해야 하는 덕목이다. 이런 시기에 맞춰서 김민호 목사님의『분별은 개념이다』라는 책이 출판되면서 이 시대의 분별력을 잃어버린 기독교인들에게 빛을 비추게 되었다. 본서는 성도들로 하여금 사람들이 잘못 알고 있는 용어들과의 전쟁을 선포하도록 한다. 독자들이여! 전쟁을 미루지 말라!

_길정국 전도사

아마도 다수의 독자분들은 이 책의 추천서를 읽으시면서 의아함을 느끼셨을 것이라고 생각합니다. 대부분 추천서는 유명하고 전문성 있는 분들에게 의뢰하는 것이 일반적이기 때문입니다. 그러나 저는 이 졸저의 마지막 책을 우리 회복의교회 공동체 지체들의 추천으로 시작하고 싶었습니다. 저를 누구보다 잘 알고 사랑하며 이 공동체에 눈물과 기도로 섬기는 안수집사님들, 팀장님들, 그리고 사랑하는 아내의 축복을 받으며 책을 낸다는 것은 큰 의미가 있다고 생각했습니다. 물론 이들은 대외적으로 권위 있는 사람들은 아닙니다. 그러나 이들은 거룩한 전쟁을 위해 같이 싸우는 전우며, 가장 가까운 형제입니다. 이 책에 진심어린 추천서를 써주신 모든 분들에게 심심한 감사를 드립니다.

_저자 김민호 목사

각 챕터마다 해당 강의 영상이 수록되어 있습니다. (챕터11. 선택 제외)

스마트폰 카메라로 QR코드를 찍어주세요.

분별은 개념이다

분별은 개념이다

들어가는 말

　십수 년 전, 백분 토론을 즐겨보았던 기억이 난다. 당시 필자는 쇼펜하우어^{Schopenhauer}의 토론의 법칙을 비롯하여 논리학과 관련된 책을 탐독하던 때였다. 그 다양한 책을 읽는 가운데 내린 결론은 논쟁에서 이기기 위해 무엇보다 집중해야 할 부분은 용어를 명확히 규정해야 한다는 사실이었다.

　용어의 내포(內包)된 개념을 올바로 규정하지 않으면 논쟁에서 패배할 수밖에 없다. 아니나 다를까 백분 토론에 나온 사람들은 처음부터 핵심적인 용어 하나를 가지고 자신이 유리한 방식으로 개념을 규정하기 위해 지루한 줄다리기를 했다. 이 줄다리기는 아마도 15분에서 20분 정도 걸린 것으로 기억한다. 이는 마치 씨름을 하는 두 선수가 샅바 싸움을 하는 것과 같았다.

　필자는 이 싸움이 매우 중요한 싸움임을 알고 있었기에 누구의 용어 개념으로 논쟁이 주도될 것인지 관심 있게 보았다. 결국 한쪽은 상대방이 규정한 방식대로 용어의 개념을 수용하기로 양보했다. 이때 필자는 어느 쪽이 이기게 될지 한 번에 알 수 있었다. 그것은 핵심 용어 개념을 자기 방식으로 규정하는 데 성공한 쪽이었다. 그리고 결과는 예측한 그대로였다.

용어의 개념을 빼앗긴 쪽은 고전을 면치 못하고 결국 완전히 패배했다. 그럴 수밖에 없는 것은 용어의 개념은 전제인데, 그 전제를 상대방의 요구대로 허용한 상황에서는 자신의 논리를 일관성 있게 펼칠 수 없기 때문이다. 전제를 상실하면 자신의 일관성은 상대방의 일관성에 맞출 수밖에 없다.

오늘날 기독교가 직면한 문제의 핵심은 바로 여기에 있다. 이 사실은 구조주의를 조금만 공부해 본 사람이라면 쉽게 동의할 것이다. 오늘날 사람들이 현실 문제에 대한 분별력이 떨어지는 이유는 바로 용어에 대한 명확한 개념이 정리되어 있지 않기 때문이다. 전술한 바와 같이 용어의 개념은 일종의 전제 역할을 한다. 그리고 전제는 언어의 영혼과 같다. 이 영혼은 천제를 총괄하는 개념을 대전제로 삼고, 개별 문제를 접근하는 개념을 소개념으로 삼는다. 이 두 개념(대전제와 소전제)이 일관성 있을 때, 언어와 사상(신앙)은 비로소 건강한 영혼을 소유하게 된다.

예를 들어 우리가 구원에 대해 고민한다면 분명히 구원에 대한 개념부터 올바로 정립되어야 한다. 그러면 구원이라는 개념이 올바로 정립되었다는 것은 무엇으로 입증할 수 있겠는가? 그것은 하나님의 영광, 주권 등과 같은 대전제와 충돌하지 말아야 한다. 만일 하나님의 영광과 주권이라는 대전제와 구원이라는 소전제가 개념적으로 충돌을 일으킨다면 그는 결국 신앙적 혼돈에 빠지고 만다. 이것은 마치 한 영혼 속에 다른 영의 침투가 일어나는 것과 같다.

이런 신앙적 혼돈을 최소화하기 위해 필자는 20년 목회에 전념했다. 그리고 이제까지 성도들을 가르쳤던 성경적 개념을 세권의 시리즈로 정리해 보았다. 첫 번째 책은『신앙은 개념이다』, 두 번째 책은『예배는 개념이다』였다. 이제 세 번째로『분별은 개념이다』라는 이름으로 개념 시리즈를 완결하게 되었다.

앞의 두 책을 이미 읽은 독자들은 감사하게도 필자의 졸저를 읽고 많은 칭찬과 격려를 해 주었다. 그 격려에 힘입어 마지막 원고를 출판사에 넘길 수 있었다. 컴퓨터 디스크에서 고이 잠들었던 글들이 드디어 다듬어져서 기지개를 켜고 세상의 빛을 보기 위해 문밖을 나서게 된 것이다. 이 모든 것이 하나님의 섭리요, 은혜라고 할 수밖에 없다.

『분별은 개념이다』는 미혹이 가득한 이 시대에 성도들의 안목을 열어주고, 미혹을 대비하는 분별력 향상에 조금이나마 유익을 주고자 세상에 나오게 되었다. 사도 바울은 우리가 이미 구원을 받았으면 이젠 느슨하게 현실에 안주하며 천국 갈 날만 기다리라고 가르치지 않았다. 도리어 "너희는 이 세대를 본받지 말고 오직 마음을 새롭게 함으로 변화를 받아 하나님의 선하시고 기뻐하시고 온전하신 뜻이 무엇인지 분별하도록 하라"(롬 12:2)고 경고했다. 분별은 신자의 아주 중요한 덕목이다.

존 번연(John Bunyan)의 『천로역정』에서 언급한 것처럼 '분별'은 청교도 교회론의 아주 중요한 영역에 해당된다. 이는 번연의 거룩한 전쟁에서 성도가 사탄의 공격과 미혹을 분별하기 위해 이문(耳門)[Ear-gate], 목문(目門)[Eye-gate], 구문(口門)[Mouth gate], 비문(鼻門)[Nose-gate], 촉각문(觸覺門)[Feel-gate]을 철저히 사수해야 한다고 묘사한 것에서도 잘 나타난다.

앞에서 언급한 것처럼 우리는 지금 이 세대와 거룩한 전쟁을 하고 있다. 이 전쟁에서 승리하기 위해 어느 때보다 필요한 것은 우리가 사용하는 용어를 성경적으로 회복하는 것이다. 이 세대의 개념으로 교회 안에 들어온 타락한 용어 개념을 교회가 다시 회복해야 한다. 그리고 더 나아가 역으로 성경적 용어 개념이 사회 전체로 침투해 들어가도록 해야 한다. 그렇지 않으면 교회와 세상은 부정과 혼돈으로 더 심각한 멸망을 향해 갈 뿐이다. 그리고 우리의 거룩한 전쟁에서 결코 승리를 장담할 수 없다.

씨름 선수가 시합을 시작할 때, 서로 유리한 방식으로 샅바를 잡으려고 애쓰는 것처럼 우리는 동일한 싸움을 해야 한다. 한 치도 뒤로 밀려나지 않도록 해야 한다. 이제까지 교회는 이 싸움의 중요성을 너무 간과했고, 너무 많은 용어 세상 철학과 풍조에 개념을 양보했다. 과거엔 이 중요성을 몰라서 그랬다고 하자. 이제 그 가치와 중요성을 알았다면 다시 회복하기 위해 온 힘을 기울여야 한다.

물론 이 세 권의 책 속에 성경과 신앙의 모든 용어를 다 담지 못했다. 또 각 용어에 대한 개념을 설명하는 데도 많은 부족함이 있다. 그럼에도 불구하고 이 졸저는 미약한 힘이나마 하나님 나라에 쓰임 받기 위한 몸부림으로 나온 것이라는 차원에서 독자들의 아량이 필요하다. 모쪼록 이 졸저가 각 교회와 성도들의 삶을 개혁하는 데 하나님의 강력한 도구가 되길 소망한다. 그리고 교회들이 더 빠른 속도로 거룩을 회복하고, 더 나아가 성경적으로 개혁된 용어들이 사회 전체에 스며들어 대한민국 사회를 이전보다 더 거룩하게 회복하는 역사를 기대해 본다. 오직 주님의 강력한 도움만 바라볼 뿐이다.

주 예수여, 이 나라와 조국 교회에 긍휼을 베풀어 주소서!

2022년 봄 주님께서 주신 아름다운 예배당 목양실에서
김민호 목사

분별은
개념이다

01

분별

01
분별

그리스도인의 정체성 가운데 결코 빼놓을 수 없는 덕목은 '분별'이다. 존 번연은 『천로역정』에서 이 사실을 아주 명쾌하게 표현했다. 번연은 크리스천의 아름다운 궁전에서 문지기 다음으로 만난 처녀의 이름을 "분별"이라고 했다. "아름다운 궁전"은 '교회'를 비유하며, "분별"은 교회의 직원(목사, 장로, 집사)을 비유한 것이다.

이는 교회 직원이 소유해야 할 가장 대표적인 덕목이 "분별"에 있음을 보여 준다. 교회에서 목사와 장로와 집사와 같은 직분자들이 분별하지 못하면 자동적으로 오류와 죄가 스며들어오게 된다는 사실을 지적한 것이다. 이는 마치 정수기 필터가 고장 나면 세균과 불순물이 여과 없이 들어오는 것과 같은 이치다. 이렇게 되면 교회는 세상과 구별됨이 사라지고 생명력을 잃게 된다.

이 덕목은 교회 직분자들에게만 해당되지 않는다. 모든 성도들에게 요구된다. 그럼에도 불구하고 번연이 교회 직분자들과 분별을 직결시킨 이유는, 그들이 일반 성도들보다 더 분별력이 출중해야 하기 때문이다. 이 말은 교회에서 직분자가 세워지는 기준은 결코 세상적인 학식이나 돈이나 명예가 되어서는 안 되며 영적인 분별력을 근거로 세워져야 한다는 당위성을 말해 준다.

그러나 상당수 사람들은 교회가 분별에 너무 방점을 두면 분열이나 고립주의로 갈 수 있다고 우려한다. 혹은 율법주의로 가게 된다고 주장한다. 그러나 이것은 분별에 대한 대표적인 오해다.

먼저 분별이 분열이나 고립의 원인을 제공한다는 주장을 생각해 보자. 상당수 사람들은 분별 때문에 자신과 조금이라도 다르면 연합이 안 된다고 한다. 이런 식의 분열은 본질을 보지 못하고 외형적인 것으로만 분별할 때 나타나는 현상일 뿐이다. 예를 들어 어떤 사람들은 시편 찬송을 부르지 않기 때문에 연합할 수 없다고 한다. 어떤 사람들은 세례 받는 방식이 다르기 때문에 연합할 수 없다 한다. 어떤 사람은 복음주의 노선을 걷기 때문에 연합할 수 없다고 한다. 그러나 이런 태도야말로 비본질적인 것으로 그리스도의 몸을 찢는 범죄일 뿐이다. 아니 도리어 분별력이 부족하기 때문에 생긴 분열이다. 분별의 핵심은 본질과 비본질을 볼 줄 아는 태도다. 그러므로 분별력을 지닌 사람은 하나의 신앙고백 안에서 신앙의 다양성을 볼 줄 안다. 다양성을 볼 줄 안다면 불필요한 분열을 하지 않는다.

좀 더 구체적으로 생각해 보자. 분별은 '종(種)'과 '유(類)'를 나누어 볼 줄 아는 태도라고 할 수 있다. 예를 들어 꽃은 '유'에 속한다. 여기에 다양한 '종'으로 꽃들이 존재한다. 장미, 진달래, 백합, 안개꽃, 코스모스, 호박꽃, 카네이션 등이 존재한다. 만일 어떤 사람이 장미만 꽃이라 주장하면서 다른 꽃들은 배척한다고 하면 그는 분별력 없는 사람이다. 그는 꽃이라는 '유'의 본질을 볼 줄 모르기 때문에 다른 것들을 꽃이라고 생각하지 않는 것이다. 그리고 이런 사람들은 여러 가지 꽃이 모여 아름다운 조화를 이룰 수 있다는 사실도 인지하지 못한다. 하나의 '유' 안에서 다양한 종의 모임은 아름다운 조화를 이루는 놀라운 섭리를 모르는 어리석은 사람이다.

이제 기독교 신앙에 이 부분을 적용해 보자.

기독교를 '유'라는 본질에 놓아보자. 그리고 그 안에 장로교, 루터교, 침례교, 감리교, 성결교, 오순절 등 다양한 교파가 '종'으로 존재한다고 생각하자. 여기서 장로교만 기독교라고 한다면 그는 아마도 기독교의 본질을 모르는 사람이다. 분별력이 없는 사람들은 내 교회만 교회고 다른 교회는 교회로 볼 줄 모른다. 또 잘못된 교회와 바른 교회를 구별할 줄 모른다. 간판만 달고 있으면 다 교회라 생각한다. 혹은 유명한 대형교회면 다 참 교회일 것이라고 생각한다. 큰 교단에 속해 있으면 참 교회라고 생각한다. 놀라운 사실은 장로교 교파 안에서도 어떤 장로교회는 기독교의 본질을 가지고 있지 않다는 것이다. 비록 정통 장로교단에 소속된 교회라 하더라도 기독교의 본질이 없다면 기독교(유)가 아니다. 정통 교단의 간판을 달고 있는 사이

비 교회일 수 있다.

이렇게 본질을 볼 수 있을 때, 비로소 분별을 한다고 말한다. 이런 분별력
이 있을 때, 우리는 비로소 참된 연합을 할 수 있다. 불필요한 분열을 피할
수 있다. 욕심과 감정 때문에 분열하는 오류를 최소화할 수 있다.

반면 연합한다고 해서 다 옳거나 선한 것은 아니다. 성경이 가르치는 연
합은 진리라는 본질 안에서 연합이다. 복음의 본질을 담지하고 있다면 어
느 교파에 속해 있든지 연합이 가능하다. 칼빈Calvin은 그의 명저 『기독교 강
요』에서 교회가 본질 안에서 분열을 최대한 피해야 할 이유를 다음과 같이
언급했다.

> 그리스도인들은 결코 비본질적인 문제들에 관해 의견이 다르다고 해서 그것
> 을 이유로 분열을 일으켜서는 안 된다는 것을 바울은 충분히 알려 주지 않는
> 가?[1]

반면 오늘날 기독교 연합은 본질을 망각한 연합이라는 점에서 그 문제가
심각하다. 우리와 유(본질)가 완전히 다른 종교나 집단과 연합을 추구한다.
그들은 "우리가 서로 다름을 인정하고 양보하여 서로 화해하고 연합하는
것이 하나님의 뜻이다"라 주장한다. 이들 주장을 표면적으로만 본다면 나
름 설득력 있게 들린다. 그러나 '서로 다름'이란 표현은 본질이 같은 상태를

---

1) 기독교 강요 IV. 1. 12.

전제로 한 표현이다. 본질이 다르다면 '서로 다름'이 아니라, '서로 틀림'이다. 성경이 가르치는 연합(Ecumenism)은 하나의 본질을 공유하는 가운데 다양성을 인정한다는 의미다. 본질에 대해 동일한 신앙 고백을 기초로 다양성을 인정하는 것이다. 이 안에서 분열이 일어난다면 그것이야말로 그리스도의 몸을 찢는 범죄행위다. 그러나 본질이 다른 것과 연합하는 것은 간음이요, 배도일 뿐이다.

> "의와 불법이 어찌 함께 하며 빛과 어둠이 어찌 사귀며 그리스도와 벨리알이 어찌 조화되며 믿는 자와 믿지 않는 자가 어찌 상관하며 하나님의 성전과 우상이 어찌 일치가 되리요" (고후 6:14-16)

분별이 이루어지지 않는 시대의 문제가 바로 여기에 있다. 연합해야 할 대상을 향해서는 분열한다. 반대로 분열해야 마땅한 대상을 향해서는 연합한다. 분별력이 없으면 참된 연합이나, 참된 구별됨 모든 것이 불가능하다.

다음으로 분별이 율법주의로 가게 한다는 주장을 생각해 보자.

상당수 목회자들은 교회에서 교리를 가르치면 율법주의가 성행하게 된다고 우려한다. 자신이 가지고 있는 교리적 지식을 가지고 다른 사람을 함부로 정죄하고 판단한다는 것이다. 교인들이 함부로 판단하고 정죄하지 않도록 하려면 아예 판단과 정죄의 근거를 가르치지 말아야 한다고 생각한다.

이런 우려를 해결하는 것도 바로 앞에서 언급했던 본질과 비본질에 대한 관점에서 이해하면 명확해진다. 율법주의의 문제는 본질보다는 외형에 더 큰 관심을 둔다는 데 있다. 기도를 했는가 하지 않았는가? 주일을 성수했는가 하지 않았는가? 헌금을 했는가 하지 않았는가? 이런 외형적인 것들이 율법주의에 빠진 사람들의 관심사다. 그러나 예수님은 이런 율법주의자들을 향하여 회칠한 무덤이라고 '분별'하고 책망하셨다. 율법의 형식은 철저히 지키지만 율법의 본질인 "정의와 긍휼과 믿음"은 버렸다는 것이 이들의 문제였다. 이런 모습은 신앙의 초신자들에게 흔히 나타나는 현상이다. 신앙의 초신자들은 겉으로 드러난 것만으로 모든 것을 판단한다. 그들이 볼 수 있는 영역이 거기까지밖엔 되지 않기 때문이다. 그러나 신앙이 자라고 분별력이 생긴 신자는 외형보다는 그 신앙의 본질을 볼 줄 안다. 그래서 외적인 행동만으로 다른 사람들을 쉽게 판단하지 않는다. 또 연약한 신자들을 참고 인내하며 이해하게 된다. 분별력은 외면을 보기보다는 각 사람들의 내적 성숙도를 보는 안목을 지니기 때문이다.

애석하게도 오늘날 한국교회는 분별과 판단과 정죄를 구별하지 못한다. 분별하는 행위를 '판단하지 말라'는 말로 정죄하는 일이 흔하다. 아마도 이런 모습은 오류와 불성실함이 가득한 목회자 자신의 설교와 목회를 위장하려는 의도가 많이 내포된 것이 아닌가 생각한다. 이런 태도는 성경적인 태도가 아니다. 성경은 비록 사도들의 가르침이라도 신자들이 반드시 분별해서 들어야 할 것을 가르친다. 사도행전 17장 11절에서 베뢰아 사람들은 사도들의 가르침까지도 분별하여 들었다는 사실을 다음과 같이 언급한다.

"베뢰아에 있는 사람들은 데살로니가에 있는 사람들보다 더 너그러워서 간

절한 마음으로 말씀을 받고 이것이 그러한가 하여 날마다 성경을 상고하므

로" (행 17:11)

사도행전의 기자 누가는 베뢰아 교인들이 사도들의 가르침에 대하여 두

가지로 반응했음을 말해준다. 첫째는 "간절한 마음으로 말씀을 받고"라는

점, 둘째는 "이것이 그러한가 하여 날마다 성경을 상고"했다는 점이다. 이들

은 사도들의 가르침을 매우 사모하여 간절한 마음으로 말씀을 받았다. 사

모하는 마음으로 말씀을 받았다고 해서 무비판적으로 받았다는 것은 아니

다. "이것이 그러한가 하여 날마다 성경을 상고"했다.

여기서 "상고"에 해당하는 헬라어 '아나크리노'(ἀνακρίνω)는 '조사하다', '검

토하다', 혹은 '심문하다'라는 뜻이다. 이 단어는 고린도전서 2장 14절에서

"분별"로, 2장 15절에서는 "판단"으로 번역되었다. 베뢰아 교인들은 사도들

의 가르침이라고 하더라도 정말로 하나님의 말씀인지 아닌지, 신중하게 조

사하고 검토하여 분별하는 태도를 견지한 것이다. 사도행전의 기자 누가는

이러한 베뢰아 교인들의 태도를 긍정적으로 기록하고 있다.

여기서 우리는 그리스도인이란 설교자를 맹목적으로 추종하는 사람이

아니라는 점을 발견하게 된다. 맹신자를 믿음 좋은 신자처럼 오도하는 것

은 종교사기에 불과하다. 이런 태도가 사이비 교주를 만드는 원인이 된다.

바울의 가르침처럼 목사는 하나님과 성도들 사이에서 중매쟁이 역할을 하

도록 세우신 직분일 뿐이다. 참된 목회자는 자기를 추종하는 세력들을 만들기 위해 목회를 하는 사람이 아니다.

그렇다고 해서 목사를 무조건 의심의 눈초리로 바라보며 불신해야 한다는 말은 아니다. 바울의 가르침처럼 말씀과 가르침에 수고하는 장로(목사)를 특별히 더 존경하고 사랑해야 함이 마땅하다(딤전 5:17). 신자들은 분별과 존경 사이에 균형을 잡을 수 있어야 한다. 신자들은 분명히 인격적으로 목회자를 존경해야 마땅하다. 하지만 그 존경심이 맹목적 추종자가 되어서는 안 된다. 인격적으로는 존경하지만, 이와 별개로 가르치는 내용에 대해서는 냉철하게 분별하는 태도를 견지해야 한다. 만일 목사의 설교를 무오(無誤)한 것처럼 여기고 맹목적으로 추종하는 자가 된다면, 교회는 목회자를 교황으로 취급하는 우상 숭배에 빠지게 된다. 실제로 이런 일들은 너무도 많은 교회 가운데 일어나고 있다.

기억하라! 교회는 설교자의 말을 듣기 위해 모인 사람들이 아니다. 목자장이신 예수님의 음성을 설교자를 통해 분별하여 듣기 위해 모인 사람들이다. 요한복음 10장은 이런 사실을 잘 설명해 준다. 7절을 보면 예수님은 자신을 "양의 문이라"고 소개한다. 그리고 그리스도의 양은 목자의 음성을 아는 고로 따라온다고 한다(4절). 반면 "타인의 음성은 알지 못하는 고로 타인을 따르지 아니하고 도리어 도망하느니라"(5절)고 한다.

분별하지 못하고 예수님의 말씀이 아닌 목회자의 사상과 철학을 맹목적으로 따라다니는 사람은 양이 아니다. 참된 신자는 목회자를 사랑하고 존경하지만, 오로지 목회자를 통해서 나오는 그리스도의 음성만을 따르는 사람이다. 그러므로 목회자가 예수님의 음성을 충성되게 대언한다면 참된 신자는 그 목회자를 그리스도처럼 따를 것이다. 반면에 자기 철학과 사상을 전하고 자신의 가려운 귀를 긁어 주는 목회자를 따르는 사람들은 양이 아니다. 이들은 자기 사욕을 좇을 스승을 찾아다니는 염소일 가능성이 높다. 따라서 만일 참된 신자라고 한다면 설교자의 입에서 나오는 말씀이 그리스도의 음성인지, 아니면 "타인의 음성"인지 분별할 수 있어야 한다. 왜냐하면 사탄은 예나 지금이나 "광명의 천사"로 자신을 위장해서 사람들을 미혹하기 때문이다.

"이것은 이상한 일이 아니니라 사탄도 자기를 광명의 천사로 가장하나니"
(고후 11:14)

사탄이 광명의 천사로 위장하여 신자들을 미혹한다는 사실은 요한계시록에서 더 명확하게 가르친다. 요한계시록 13장 11-12절을 보면 미혹하는 영을 다음과 같이 설명해 준다.

"내가 보매 또 다른 짐승이 땅에서 올라오니 어린 양 같이 두 뿔이 있고 용처럼 말을 하더라 그가 먼저 나온 짐승의 모든 권세를 그 앞에서 행하고 땅과 땅에 사는 자들을 처음 짐승에게 경배하게 하니 곧 죽게 되었던 상처가 나은 자니라" (계 3:11-12)

여기서 사도 요한은 미혹하게 하는 영의 외형이 "양 같이 두 뿔이 있다"고 한다. 이 말은 거짓 선지자가 외적으로 철저히 참된 목회자처럼 위장했다는 사실을 가르친다. 이들은 도덕적으로 뛰어난 사람일 수 있다. 혹은 점잖고 종교적 열정도 있으며, 아주 친절하고 지적인 사람일 수 있다. 그뿐만 아니라, 13절에 의하면 큰 이적을 행하여 사람들 앞에서 불이 하늘에서 땅에 내려오게 하는 사람일 수도 있다. 그런데 14절은 이 이적의 출처가 "짐승 앞에서 받은 바"라고 명확하게 가르친다.

참된 목회자처럼 보이면서 기사와 이적을 행한다면 분별하기 정말 어렵다. 이런 목회자라 하더라도 분별력 있는 신자라면 그의 입술에서 무엇이 나오는지 볼 줄 알아야 한다. 분별해야 한다. 11절은 이 거짓 선지자가 "용처럼 말을 하더라"고 한다. 이 말이 의미하는 바를 12절은 "처음 짐승에게 경배하게" 하는 것이라고 설명한다. 요한계시록은 분별의 핵심을 그 입에서 나오는 음성이 누구에게 경배하도록 유도하는지 신중하게 살피는 것이라 가르친다.

놀랍게도 이런 경고는 신명기 13장에서도 나타난다. 모세는 "너희 중에 선지자나 꿈꾸는 자가 일어나서 이적과 기사를 보이고"(1절) 더 나아가 "그 이적과 기사가 그 말대로 이룰지라도"(2절) 절대로 "그 선지자나 꿈꾸는 자의 말을 청종하지 말라"고 경고한다. 그들의 꿈과 환상과 이적과 기사가 "다른 신들을 우리가 좇아 섬기자"는 쪽으로 인도하기 때문이다. 이것은 정확하게 요한계시록과 분별의 원리가 같다.

여기서 우리는 분별력을 가지고 목회자의 말을 듣는 것이 얼마나 중요한지 알 수 있다. 교인들이 분별력을 상실하면 자동적으로 거짓 목회자가 창궐하게 된다. 반대로 참된 목회자들은 씨가 마르게 된다. 무조건 참된 목회자가 너무 없다고 한탄만 할 문제는 아니다. 참된 목회자와 거짓된 목회자를 냉철하게 구별할 줄 아는 신자들의 분별력도 못지않게 중요하다.

설교자가 비록 인격적으로 훌륭하고 지적이며 기사와 이적과 능력을 행하는 사람이라도 그 가르침이 참 하나님을 경외하고 섬기도록 인도하는 것인지, 아니면 짐승을 경배하도록 유도하는지 분별해야 한다. 설교자가 광장에서 모진 고난과 괴로움을 극복하며 '나를 따르라' 외치는 애국자라 하더라도 다르지 않다. 가난한 자들의 아버지처럼 행동하는 사람이라도 분별해야 한다. 병 고치고 신비한 체험을 주는 사람이라도 냉철하게 분별해야 한다. 무엇보다 이 시대는 세상 철학과 속임수로 신자들을 가르치는 목회자들을 조심해야 한다. 이들이 오늘날 "짐승에게 경배"하도록 유도하는 미혹의 영이다.

그러면 교인들에게 이렇게 분별력이 결여되는 이유는 어디에 있는가?

첫째, 성경에 대한 무지 때문이다.

어느 시대든지 자신을 맹목적으로 따르도록 하기 위해 종교 지도자들이 흔하게 사용했던 수단은 '우민화'였다. 중세 로마 가톨릭이 그 대표적인 예다. 로마 가톨릭은 성경을 가르치지 않았을 뿐만 아니라, 성경을 읽지 못하게 했다. 이렇게 성경을 가르치지 않고 읽지도 못하게 한 이유는 교인들을 쉽게 지배하기 위해서다. 그래서 종교개혁자들은 성경을 자국어로 번역하여 읽게 할 뿐 아니라, 성경을 바르게 해석할 수 있도록 교리와 신학을 가르쳤다.

애석하게도 우민화는 한국교회를 지배하는 가장 두드러진 현상이다. 목회자들은 성경 연구를 귀찮게 여기고, 교인들도 배우려 하지 않는다. 이런 무지의 자리에는 자동적으로 권위주의가 차지한다. 중세 가톨릭 때처럼 말이다. 목사는 교회의 교황처럼 군림한다. 성경을 배우고 분별력 있게 살아가려는 성도들은 억압당한다. 진리를 알기 위해 질문하는 사람은 신앙이 없는 자로 간주된다. 또 목회자의 설교를 상고(분별)하여 듣는 행위는 마치 오류 없는 교황의 말을 판단하는 불경스러운 자로 매도된다. 이런 과정이 심화되면서 교회는 맹신에 빠진 사람들에 의해 장악된 사탄의 회가 된다.

두 번째로 교인들에게 분별력이 약한 이유는 성령의 조명하심을 구하지 않기 때문이다.

분별은 이성의 영역이 아니다. 물론 우리는 성경을 이성적으로 배우는 것을 기초로 분별한다. 그러나 성령의 조명을 받지 못한 이성은 항상 배우나 진리의 지식에 이르지 못한다(딤후 3:7). 칼빈이 "성령이 결여되면 성례는 우리 마음속에서 아무 것도 이룰 수 없다. 그것은 마치 태양의 광체가 맹인의 눈에 비치고 귀머거리의 귀에 울려 퍼지는 것과 같다[2]"고 한 말과 같다. 성령의 조명 없이 지식으로만 교리를 배운 사람들은 특정 이단에 대해 가르쳐도 용어를 약간만 바꾼 유사 이단을 분별을 하지 못하고 미혹된다. 신학과 교리를 많이 알아도 성령께서 조명해 주시지 않으면 교리와 신학이 분별에 별 도움이 되지 않는다. 바울도 항상 배우지만 진리에 끝내 진리의 지식에 이르지 못하는 여인을 향하여 "얀네와 얌브레가 모세를 대적한 것 같이 그들도 진리를 대적"(딤후 3:8)한다고 말한다.

이제 마지막으로 분별의 조건에 대해 살펴보자.

우리는 『천로역정』에서 분별이라는 사람이 아름다운 궁전(교회)의 입구를 지키고 있었음을 서론에서 잠시 살펴보았다. 번연은 이 부분을 통해 교회가 어떻게 분별 기능을 갖게 되는지 설명한다. 분별은 크리스천의 신앙고백을 듣고 영접한다. 그리고 그녀는 세 사람을 소개한다. 그 사람들의 이름은 '경건', '신중', '자비'라고 한다. 번연이 여기서 분별이 세 사람을 소개하는 문학적 표현방식을 사용한 데는 이유가 있다. 분별을 위한 필요충분조건이 바로 경건과 신중함과 자비심이라는 점을 알려 주기 위해서다. 물론 이 세 가지는 다 성령의 은총으로 주어지는 것들이다. 그러면 분별을 위한 이 세 가지 조건을 간략하게 살펴보자.

첫 번째, '경건'은 분별의 핵심이다.

---

2) 기독교 강요 IV. 14. 9.

경건이란 하나님께 대한 경외심과 사랑에서 나온다. 만일 신자가 하나님께 대한 경외와 사랑이 결여된다면 결코 분별하지 못한다. 왜냐하면 모든 사람들이 분별력이 마비되어 미혹에 빠지는 이유는 "자기 욕심에 끌려 미혹"(약 1:14) 되기 때문이다. 하나님께 대한 경외심과 사랑 없이, 세상에 대한 두려움과 욕심이 앞서는 사람은 진리를 명쾌하게 볼 수 없다. 간단한 문제 앞에서도 혼란스럽다고 한다. 성경의 올바른 가르침보다는 자기 욕심에 끌려 거짓 가르침을 더 신뢰하게 된다. 그러므로 불경건한 사람에게 분별력이 뛰어날 것이라는 것은 기대할 수 없다. 분별력은 그 사람의 경건과 직결되어 있다.

두 번째로 '신중'이다.

신중은 매사에 조심성과 진지함이 있는 태도를 말한다. 이런 태도의 근원은 경고를 항상 마음에 새기는 자세에서 나온다. 성경과 교회사에서 분별력 없이 살다 멸망당한 사람들의 특징은 신중함이 결여된 사람들이다. 그 대표적인 예로 롯의 사위를 들 수 있다. 그들은 소돔과 고모라 성의 멸망에 대한 경고를 듣고도 "농담으로"(창 19:14) 여겼다. 노아의 시대에도 노아의 가족 이외의 수많은 사람들은 심판의 경고를 가볍게 취급함으로 멸망했다.

오늘날에도 이단과 사이비에 빠지거나 거짓된 가르침에 넘어지는 사람들도 마찬가지다. 이들은 아무리 심각한 표정과 목소리로 지적해도 결코 마음에 새길 줄 모른다. 신중하게 생각하지 않는다. 야고보의 표현처럼 거울로 자기 생긴 얼굴을 보고 그 모습을 곧바로 잊어버리는 자와 같다(약 1:23-24). 이런 사람들은 경고를 들어도 마음속 깊이 담지 못하여 반복하여 넘어진다.

"참된 속담에 이르기를 개가 그 토하였던 것에 돌아가고 돼지가 씻었다가 더러운 구덩이에 도로 누웠다 하는 말이 그들에게 응하였도다" (벧후 2:22)

마지막 세 번째로 분별의 요소는 '자비'다.

자비란 영어로 '긍휼히 여김'을 뜻한다. 이는 하나님의 사랑에 기초한 이타적 사랑 태도를 말한다. 모든 올바른 분별은 율법의 이중 개념처럼 하나님 사랑과 이웃 사랑에서 나온다. 하나님 사랑과 이웃 사랑 없이 분별할 수 없는 이유는 분별의 기준이 율법이기 때문이다. 율법이 무엇인가? 하나님 사랑과 이웃 사랑이다. 그렇다면 하나님 사랑과 이웃 사랑이 없다면 자동적으로 욕심에 미혹될 수밖에 없다. 고로 분별은 불가능하다.

☞ **분별의 정의**

분별이란 본질과 비본질을 구별함으로 세상과 구별된 삶을 살도록 하는 변화된 성품이다.

분별은 개념이다

02

교리

02
교리

    대부분 사람들은 교리라는 단어에 대한 부정적 선입견을 갖고 있다. 어떤 사람들은 교리는 사람이 만든 것이며, 그것을 따르는 것은 사람의 가르침을 따르는 것이라고 공격한다. 그래서 어떤 교파에서는 교리 중심적 태도를 부정하는 것을 교단의 입장으로 삼기도 한다. 우리는 이런 주장에 과연 동의할 수 있는지 깊이 있게 생각해 보아야 한다. 왜냐하면 이런 주장에는 성경적, 교회사적 무지가 은연중에 작용하고 있기 때문이다. 뿐만 아니라, 교리를 부정적으로 보도록 유도한 것은 사탄의 전통적인 공격이었다.

    그러면 먼저 교리가 나오게 된 역사적 배경을 살펴보자. 이것을 이해한다면 교리가 인간에 의해 만들어졌지만 사람의 가르침을 따르는 것이 아님을 이해할 수 있다. 교회사를 볼 때, 교리가 만들어진 배경은 초대교회 때부터다. 특히 사도 바울과 요한의 서신을 보면 교리가 등장하게 된 배경을 알 수 있다. 그것은 바로 이단의 등장 때문이다. 이단은 세상 철학과 자신의 경험을 기초로 하여 성경을 자기 방식대로 해석하는 태도를 말한다.

흥미로운 점은 세상 철학이나 자신의 경험을 가지고 성경을 해석하는 태도는 항상 많은 사람들로부터 쉽게 호응을 얻었다는 사실이다. 그럴 수밖에 없었던 것은 이런 식의 성경 해석이 타락한 죄인들의 눈높이로 납득하기 쉽게 해석해 주기 때문이다. 다시 말해서 성령으로 거듭난 안목 없이도 얼마든지 성경을 자기 방식대로 받아들일 수 있는 길을 만들어 주었다는 말이다.

이는 마치 어떤 맹인이 코끼리를 자기 방식대로 이해한 것을 다른 맹인들에게 가르친 것과 같다고 할 수 있다. 맹인들의 입장에서 볼 때, 코끼리는 벽과 같다든지, 기둥과 같다든지, 혹은 긴 구렁이와 같다는 식의 표현이 훨씬 이해하기 쉽다. 도리어 맹인들이 볼 때, 코끼리의 전체 형태를 눈으로 본 사람들의 설명은 납득하기 어렵고 공감하기엔 불편함이 있다. 그런데 맹인들 가운데 가장 현명하다는 사람이 코끼리를 자기들의 인식과 거의 흡사하게 말한다면 당연히 그 맹인의 말에 공감하고 따를 것이다.

이런 일이 실제로 교회사 안에서 수도 없이 일어났다. 그 대표적인 이단이 바로 영지주의(Gnosticism)였다. 영지주의자들은 유대교 전통보다는 그리스 철학의 관점에서 기독교를 이해하려 했던 자들이었다. 그들은 영과 정신은 선하고 육과 물질은 악하다는 극단적 이원론에 근거하여 구약의 창조주 하나님을 이해하려 했다.

이런 영지주의의 공격은 메시아를 성경의 관점에서 이해하지 못하도록 했다. 메시아를 철학 관점에서 이해함으로써 바울이 말하는 "다른 예수"(고후 11:4)가 되도록 했다. 예수를 그리스 철학 방식으로 이해함으로써 복음도 당연히 그리스 철학적 방식으로 왜곡되었다.

플라톤 철학을 진리라고 믿는 전제 속에서 예수를 바라보았을 때, 예수가 만일 선하다면 결코 물질일 수 없다고 생각했다. 만일 그리스도께서 육신을 입으셨다면 결코 신성한 존재가 될 수 없다고 보았다. 이런 해석은 그들이 성경을 플라톤주의 이원론이라는 철학적 관점에서 보았기 때문에 나온 것이다. 그래서 그들은 예수님이 육신으로 오셨다는 가르침을 왜곡하여, 자기 철학으로 새롭게 해석하여 철학화했다. 그것이 바로 '가현설'(假現設)이다. 가현설이란 말은 예수님께서 육신을 입고 계신 것처럼 보였을 뿐, 사실은 영이었다는 주장이다. 이렇게 해야 플라톤주의 이원론이 진리가 되기 때문에 성경을 왜곡한 것이다.

사도 바울은 복음을 이렇게 세상 철학이나 자신의 체험을 기초로 해서 왜곡하는 현상을 성도들에게 "누가 철학과 헛된 속임수로 너희를 사로잡을까 주의하라 이것은 사람의 전통과 세상의 초등학문을 따름이요 그리스도를 따름이 아니니라"(골 2:8)고 경고했다.

교회사를 보면 세상 철학이나 체험을 통해서 복음을 철학화하려는 시도는 끊임없이 있었다. 그리고 이런 시도는 거의 예외 없이 많은 사람들에게 호응을 얻었고 수많은 추종자를 얻었다. 그리고 사람들은 그런 철학화 된 이단의 미혹에 환호했다. 그럴 수밖에 없었던 것은 그 가르침이 자신들의 타락한 본성에 쉽게 납득되고 동의되었기 때문이다.

이런 교회사를 염두에 두고 교리를 이해한다면 교리가 왜 중요한 것인지 어느 정도 납득할 수 있다. 교리는 성경을 성경적으로 믿도록 하기 위해 믿음의 선조들이 수고한 결과다. 교리는 세상 철학과 속임수로 진리를 무너뜨리려는 이단으로부터 교회를 지켜내기 위해 몸부림친 결과다. 그래서 하나의 교리가 등장하게 될 때는 그 교리가 만들어지게 된 피비린내 나는 투쟁의 역사가 있었다.

이렇게 말해도 사람들 가운데 교리가 인간의 결과물이라고 반박하는 사람들이 있다. 또 교리 때문에 교회는 독선적인 성격을 띠게 되었다고 공격한다. 이 공격에 우리는 과연 어떻게 반박할 수 있을까?

먼저 우리는 교리가 인간의 결과물이라는 점에는 동의한다. 그러나 교리는 단순히 인간의 결과물이 아니다. 성령께서 인간을 통해 주신 결과물이다. 이것은 마치 사람은 부모를 통해 태어났지만, 하나님의 창조물이라고 말하는 것과 같은 논리다. 하나님은 첫 사람 아담을 직접 창조하셨지만, 그 이후의 사람들은 부모를 통해서 창조하신다. 마찬가지로 하나님은 교리를 경건한 성도들이 교회사 속에서 이단들과 싸우는 과정을 통해 진리를 보존하는 방식으로 교리를 세우신 것이다.

교리가 성령님을 통해 인간에 의하여 나온 결과물이라는 점을 입증하는 것은 크게 두 가지로 말할 수 있다.

첫째는 경건한 선배 신앙인들이 그 교리를 인정했다는 것이다.

어느 시대든지 하나님께 귀하게 쓰임 받았던 영적 거인들은 정통 교리를 사랑했다. 어느 시대든지 영적 거인들은 정통 교리를 통해서 순례의 길을 성공적으로 완주했다. 영적 거인들을 통해서 검증되었다면 이보다 안전한 것이 어디 있겠는가? 또한 우리보다 경건하고 성령으로 충만한 분들이 인정한 것을 우리가 어찌 아니라 하겠는가? 이는 마치 하수가 고수를 가르치려 하는 것과 같은 이치라 하겠다. 우리가 겸손하다면 그들의 권위 있는 가르침에 귀를 기울여야 마땅하다.

두 번째로 교리가 성령님께서 인간을 통해 주신 것이라는 사실은 교회사가 입증한다.

교회사를 보면 바른 교리는 항상 아름다운 열매를 낳았다. 예수님의 말씀처럼 열매로 나무를 알 수 있다. 어느 시대든지 거짓된 교리가 좋은 열매를 낳은 적은 없었다. 이렇게 말하면 바른 교리도 안 좋은 열매를 맺은 때도 많았다고 주장하는 사람이 있을 수 있다. 예를 들어서 바른 교리를 주장한다는 사람들은 분열을 초래하고 사랑이 없었으며 교만했다고 한다. 그러나 분명히 기억해야 할 점은 이런 현상에 대하여 그것이 교리의 문제인지, 아니면 그 사람의 문제였는지 보아야 한다는 것이다. 다시 말해서 교리를 주장하는 사람이 교리를 바르게 소화하지 못하고 그 지식만 주장하는 경우는 자칫 교리의 잘못으로 비칠 수 있다는 말이다.

이것을 이해하는 데 도움이 될 만한 영화의 한 장면을 소개하고 싶다. 하루는 어떤 무술인이 엽문에게 도전을 신청했다. 그 사람은 여러 사람들과 무술 대결을 통해 고수라고 평가받는 사람이었다. 그는 수많은 무술의 고수들을 무너뜨린 경험이 있다. 그는 자신만만하게 엽문과 치열한 무술 대결을 했다. 그러나 결국 승리는 엽문에게 돌아갔다. 패배한 이 무술인은 엽문에게 "내 북파권이 남파권에게 졌다"고 자신의 패배를 인정했다. 이 말을 듣고 엽문은 다음과 같은 말을 남긴다.

"천만에요. 북파권이 진 것이 아닙니다. 당신이 진 것입니다."

이 말은 북파권의 패배 원인이 북파권의 부족함에 있는 아니라 그 사람이 북파권을 제대로 익히지 못한 데 있다는 말이다.

마찬가지로 오늘날 정통 교리를 가지고 있는 사람들에게 잘못된 열매가 나타나는 것을 교리의 문제로 진단하는 것은 적절하지 않다. 사람의 문제에서 찾는 것이 더 현명할 것이다. 왜냐하면 어느 시대든지 그 교리를 바르게 소화한 사람들은 예외 없이 아름다운 동일한 열매를 맺었기 때문이다. 그러나 잘못된 교리를 추종한 사람들은 예외 없이 잘못된 열매가 나타났다.

그러면 이제 교리가 무엇인지 이야기해 보자.

디모데후서 4장 3-4절을 보면 바울은 디모데에게 영적으로 어려운 때를 다음과 같이 경고한다.

"때가 이르리니 사람이 바른 교훈을 받지 아니하며 귀가 가려워서 자기의 사욕을 따를 스승을 많이 두고 또 그 귀를 진리에서 돌이켜 허탄한 이야기를 따르리라" (딤후 4:3-4)

바울은 때가 이르면 "바른 교훈을 받지 아니"하는 일이 생기게 될 것이라고 경고한다. 여기서 "교훈"에 해당하는 헬라어 '디다스칼리아'(διδασκαλία)는 영어로 'doctrine', 다시 말해서 '교리'다. 바울은 디모데에게 영적으로 어려운 시기가 닥치게 될 것을 경고하면서, 이 시기에 일어나게 될 가장 큰 어려움이 바로 "바른 교리를 받지 아니"하는 것이라 한다. 바른 교리를 받지 않게 될 이유를 바울은 "허탄한 이야기를 따르"게 될 것이기 때문이라고 한다.

여기서 "허탄한 이야기"에 해당하는 헬라어 '뮈도스'(μυθος)를 직역하면 "신화"다. 영어 성경도 이 부분을 신화에 해당하는 fable, 혹은 myth로 번역했다. '신화'란 철학에 의해 성경을 해석하는 거짓 교리를 지칭하는 표현이다.

바울은 디모데전서 1장 3-4절의 말씀을 통해서도 다음과 같이 경고했다.

"내가 마게도냐로 갈 때에 너를 권하여 에베소에 머물라 한 것은 어떤 사람들을 명하여 다른 교훈을 가르치지 말며 신화와 끝없는 족보에 몰두하지 말게 하려 함이라 이런 것은 믿음 안에 있는 하나님의 경륜을 이룸보다 도리어 변론을 내는 것이라" (딤전 1:3-4)

여기서도 신화는 "다른 교훈(교리)"을 가르치는 것과 관련하여 언급되고 있다. 이는 주석에도 언급된 것처럼 "초대 교회에 이미 공인된 기독교 교리가 있었음을 암시"할 뿐 아니라, 신화(세속 철학)가 거짓된 교리를 생산하는 주된 원천이었음을 암시한다.

그러면 좀 더 구체적으로 교리란 무엇인지 웨인 그루뎀^{Wayne A. Grudem}의 정의를 들어보자. 그는 "교리란 성경 전체가 오늘날 특정한 주제에 관해 가르치는 것을 뜻한다"고 했다. 그러면 왜 교회는 "특정한 주제에 관해 가르치는 것"을 만들어야만 했을까? 그 이유는 성경을 읽는 신자들로 하여금 이단의 오류로부터 보호하고, 성경을 바르게 해석할 수 있는 원리를 제공하기 위해서다.

무엇보다 교리는 성경 전체에 언급된 하나님의 자기 계시를 일목요연하게 정리한 것이라고 보는 것이 좋을 듯하다. 이것은 인간의 철학이나 경험, 선입견, 심리학 등이 철저히 배제된 관점이다. 오로지 성경이 언급하고 있는 관점만으로 이루어진 것이 교리다. 물론 이렇게 정리되는 데는 성령님의 강력한 간섭이 있으셨다. 그리고 이렇게 정리된 교리는 2,000년의 역사 속에서 경건함과 천재적인 지성을 가진 신앙 선배들의 예리한 지적 검증을 계속적으로 거치는 과정을 밟았다. 뿐만 아니다. 교리는 모든 시대 모든 신자들이 실천함으로써 열매를 통해 성령님의 공인받는 과정을 거쳤다.

그러므로 마틴 로이드 존스^{Martyn Lloyd Jones} 목사는 "우리 주님께서 율법을 교리 형태로 해석하셨다"고 하면서, 사도행전에 나온 "사도들의 설교 방법은 교리를 선포하는 것"이라고 했다. 뿐만 아니라 그는 "교리는 설교의 목적과 기능"이라고까지 주장했다. 교리는 한마디로 성경을 이해하는 해석 방식이라고 할 수 있다.

그러나 상당수 사람들은 교리 없이 성경을 해석할 수 있다고 생각한다. 그리고 교리적으로 해석하는 사람을 비판한다. 그러나 이런 비판을 하는 사람은 자기 스스로 교리를 추구하는 사람이라는 점을 입증하는 것이 된다. 왜냐하면 특정한 교리를 비판하고 틀렸다고 한다면 그는 분명히 자신만의 교리적 관점이 있어야 하기 때문이다. 이는 마치 '진리는 결코 존재할 수 없다'고 주장하는 사람에겐 '진리가 존재하지 않는 것이 진리가 되어야 하는 것'과 같은 모순이다.

좀 더 쉽게 말한다면 교리는 성경을 이해하는 안경과 같다. 알미니안주의 안경을 쓰면 성경은 알미니안주의를 지지하는 것처럼 보인다. 또 신천지의 안경을 쓰면 성경은 신천지의 주장을 지지하는 것으로 보인다. 플라톤주의 철학이라는 안경으로 성경을 보면 성경은 영지주의자들의 주장을 지지하는 것으로 보인다. 따라서 교리 없이 본다는 것은 마치 안구 없는 맹인이 세상을 보겠다는 것만큼 모순적인 주장이다.

이제 우리는 바른 교리가 왜 중요한지 생각해 보자.

교리가 중요한 이유는 교리적 체계의 일관성 때문이다. 교리적 체계의 일관성은 삶의 어려움이 극에 달하게 될 때 그 위력을 발휘한다. 인생에서 어려움이 생길 때, 교리적 체계의 일관성이 있는 사람은 성경을 일관성 있게 해석하며 어려움을 대처하게 된다. 그러나 교리적 일관성을 받아들이지 않는 사람들은 극단적 어려움 가운데 성경에서 일관성 있는 확신을 얻을 수 없다. 성경의 가르침이 자기감정과 현실에 따라서 다르게 해석되기 때문이다. 성경의 일관성 있는 해석이 보이지 않게 되면 극단적 위기 속에서 한순간 무너질 수밖에 없다. 사탄은 이 틈을 결코 방치하지 않는다.

이런 교리적 일관성은 마치 적들로부터 나라를 지키는 파수꾼 같은 역할을 한다. 바른 교리는 교회사 안에서 교회를 무너뜨리기 위해 수많은 공격들을 어떻게 대처해야 할 것인지 우리에게 가르쳐 주는 지혜의 보고이다. 그 위력은 예나 지금이나 변함이 없다.

하나님께서 루터[Luther]를 통해 종교개혁을 하셨을 때 하신 일이 무엇인지 생각해 보라. '칭의 교리'를 다시 회복하는 것에서 시작하셨다. 칭의 교리는 마치 뿌리에 수도 없이 매달린 감자의 줄기 같은 역할을 했다. 그래서 칭의 교리를 붙잡고 들어 올리자 그 뿌리에 매달린 다른 여러 교리가 다시 빛을 발하게 되었다. 때문에 루터는 칭의 교리가 교회를 죽이기도 하고 살리기도 하는 교리라고 한 것이다.

사탄이 교리를 싫어하는 이유가 바로 여기에 있다. 교리는 사탄의 거짓말을 선명하게 폭로하기 때문이다. 사람들의 타락한 본성이 교리를 싫어하는 이유도 흡사하다. 자신의 체험, 생각, 성경 해석이 틀렸다는 것을 명확하게 폭로하기 때문이다. 교리는 우리 마음의 거짓됨과 죄, 그리고 모호했던 것들을 명확하게 드러나게 한다.

그러나 반대로 바른 신앙 안에 들어간 사람들은 교리를 사랑하게 된다. 왜냐하면 교리는 자신의 신앙이 올바로 가고 있다는 것을 확증해 주기 때문이다. 뿐만 아니다. 그리스도를 더 뜨겁게 사랑하고 진리를 더 명확하게 찾아가려는 사람들에게 힘이 된다.

세상엔 수많은 거짓 가르침이 사람들을 혼란스럽게 한다. 같은 성경을 본다고 하지만 자기 철학과 경험으로 해석한다. 성경을 읽는다고 하지만 바르게 해석하고 있는지도 확신하기 힘든 시대다. 이렇게 영적으로 혼탁한 시대에 교리는 성도들에게 흔들림 없는 확신을 제공한다.

바울은 세상 떠날 날을 앞두고 디모데에게 "바른 교리"의 중요성을 강조하면서 "너는 모든 일에 신중하여 고난을 받으며 전도자의 일을 하며 네 직무를 다하라"(딤후 4:5)고 명령했다. 이 명령을 갈등 없이 성실하게 따르는 것은 바른 교리를 통한 확신이 있어야 가능하다.

☞ **교리의 정의**

교리란 성경을 오류 없이 바르게 이해하도록 하나님께서 신앙의 선조들을 통해 주신 선물이다. 그들은 십자가에서 죽으신 예수님을 보고 "이는 진실로 하나님의 아들이었도다"라고 한다. 그들은 기적을 보고 이 고백을 한 것이 아니다. 십자가에서 하나님의 영광을 선명하게 본 것이다.

분별은 개념이다

03

성령 훼방 죄

03
성령 훼방 죄

성경을 읽다 보면 성도들에게 가장 큰 두려움을 주는 성경 구절 가운데 하나는 바로 성령을 훼방한 자에게는 사함이 없다는 구절이다. 이 구절은 사도들의 서신에 나오는 구절이 아니라 예수님께서 직접 하신 말씀이기에 더 큰 두려움이 있다. 이 두려운 경고 말씀은 예수님께서 귀신에 들려 눈이 멀고 말 못하는 사람을 성령의 능력으로 고치신 사건 속에서 언급하신 말씀이었다.

그러면 바리새인들이 예수님으로부터 끔찍한 선고를 듣게 된 배경부터 보자. 바리새인들은 예수님이 안식일에 귀신 쫓는 모습을 보면서 도무지 참을 수 없었다. 그들이 가지고 있는 전통과 교리에서 볼 때, 예수님은 안식일을 범한 사람이라고 생각했다. 그래서 그들은 예수님의 놀라운 치유사역이 결코 하나님의 역사가 아닐 것이라고 본 것이다. 그들은 "이가 귀신의 왕 바알세불을 힘입지 않고는 귀신을 쫓아내지 못하니라"(마 12:24)고 했다.

어찌 보면 이들이 이렇게 말하는 것도 지나친 것은 아니었다. 도리어 전통적인 교육을 받은 그들의 이런 판단은 상식적인 것이었다. 이런 그들의 태도는 사도 요한이 "영을 다 믿지 말고 오직 영들이 하나님께 속하였나 시험하라 많은 거짓 선지자가 세상에 나왔음이니라"(요일 4:1)고 한 경고에 더 가까워 보이기까지 한다. 그럼에도 불구하고 예수님은 그들의 비방을 들으시고 성령을 훼방한 죄라고 엄중히 꾸짖으셨다.

> "내가 너희에게 이르노니 사람에 대한 모든 죄와 모독은 사하심을 얻되 성령을 모독하는 것은 사하심을 얻지 못하겠고 또 누구든지 말로 인자를 거역하면 사하심을 얻되 누구든지 말로 성령을 거역하면 이 세상과 오는 세상에서도 사하심을 얻지 못하리라" (마 12:31-32)

주님은 바리새인들을 향하여 용서받을 수 없는 죄를 저질렀다고 선언하신 것이다. 이것은 매우 끔찍하고 두려운 선고가 아닐 수 없다. 왜냐하면 우리가 영적으로 분별하는 행위가 때로는 성령 훼방 죄로 여겨질 수 있다고 보이기 때문이다. 실제로 상당수의 부흥사들이나 설교자들은 자신의 설교나 사역을 함부로 판단하거나 비방하는 행위에 대해 성령 훼방 죄를 거론하며 교인들을 협박하기도 한다. 그러면 우리는 굳이 이렇게 위험을 감수하면서 분별을 해야 하는지 갈등하게 된다. 제대로 분별을 하면 다행이지만, 만의 하나라도 성령 역사를 사탄의 역사라고 잘못 판단하여 성령 훼방 죄가 될 수 있다면 과연 누가 이런 위험을 감수하며 분별하겠는가 말이다. 그러나 이 문제는 우리가 생각하는 그런 문제가 아니다.

그러면 전통적으로 성령 훼방 죄는 어떻게 이해되었을지 생각해 보자.

어거스틴^{Augustine}은 이 죄를 하나님의 용서를 신뢰하지 않고 죽을 때까지 강퍅한 상태를 지속하는 것이라 했다. 다시 말해서 끝까지 예수님을 영접하지 않고 끝까지 불신앙으로 살아가는 것이 성령 훼방 죄라 가르친 것이다.

그러나 이러한 어거스틴의 주장에 대하여 칼빈은 『기독교강요』에서 다음과 같이 반박했다.

이런 정의(어거스틴의 주장)는 이 죄가 이 세상에서 용서를 받지 못한다고 하신 그리스도의 말씀과 전혀 일치하지 않는다. 왜냐하면 이 말씀이 헛된 것이거나, 그렇지 않다면 용서받을 수 없는 죄를 이 세상에서 범할 수 있기 때문이다. 그러나 만일 그 죄가 죽을 때까지 계속되지 않는다면 그것은 용서받을 수 없는 죄가 되지 않을 것이기 때문이다.[3]

칼빈의 주장을 들어보면서 어거스틴의 주장도 적절하지 않다고 보인다. 그러면 누군가 가르친 것처럼 공개적으로 하나님을 모독하거나, 성령님의 행위를 악령의 행위라고 모욕하는 것을 지칭하는 것인가? 이 또한 아니다. 만일 이 주장이 옳다면 하나님을 대적하고 그리스도인들을 박해하는 사람들은 구원받지 못해야 마땅하다. 그러나 교회사를 보면 결코 그렇지 않다

---

3) 기독교강요 III. 3. 22.

는 것을 쉽게 알 수 있다.

그러면 성령을 훼방하는 죄, 다시 말해서 용서받지 못하는 죄란 무엇이란 말인가? 이에 대하여 칼빈은 아주 적절하게 잘 정의했다.

즉, 하나님의 진리의 빛을 체험하여 무지를 주장할 수 없게 되었으면서도 악한 의도로 하나님의 진리에 반항하는 사람들은 성령을 거스리는 죄를 짓는 것이다. 이러한 반항만이 성령을 거스리는 죄가 된다.[4]

이 말이 의미하는 바가 무엇인가? 그것은 성령의 강력한 조명과 각성에 의해 자신에게 주어진 가르침이 분명히 하나님의 말씀이라는 것을 깨달았음에도 불구하고 의도적으로 그 말씀을 배척하고 공격하며 거부하는 것을 뜻한다. 다시 말해 분명히 하나님의 역사라는 것을 부정할 수 없도록 성령의 조명을 통해 알게 되었음에도 불구하고, 자신의 본성이 그것을 인정하기 싫어서 억지로 거부하는 명분으로 신성을 모독하는 것이라는 말이다.

이것이 바로 바리새인들의 모습이었다. 그들은 예수님의 행동과 가르침이 하나님으로부터 온 것임을 결코 부정할 수 없었다. 그들의 양심은 분명히 이 사실을 알고 있었다. 왜냐하면 예수님의 행위는 분명히 구약 성경 언약이 그대로 성취되는 것들이었고, 그의 메시아 되심은 그들도 인정하는 선지자 요한의 증언으로 인증된 것이었기 때문이다.

---

4) Ibid.

이 뿐만 아니라 예수님에게 나타나는 기사와 이적들은 옛 선지자들도 할 수 없는 이적들이었고, 더 나아가 오병이어와 같은 기적은 예수님이 바로 모세가 신명기 18장 15절에서 "네 하나님 여호와께서 너희 가운데 네 형제 중에서 너를 위하여 나와 같은 선지자 하나를 일으키시리니 너희는 그의 말을 들을지니라"는 말씀을 그대로 입증했다.

그 외에도 예수님이 구약에 예언된 선지자라는 사실은 어떤 식으로든 부정할 수 없는 증거로 가득 차고 넘쳤다. 그들은 예수님의 가르침과 행동을 통해 하나님으로부터 온 메시아라는 점을 양심으로 선명하게 알고 있었다. 그러나 결코 인정하기가 싫었던 것이다. 그들이 예수님에 대한 이런 분명한 증거가 있음에도 불구하고 거부했던 이유는 이제까지 자신이 누리던 죄악과 풍요와 안락함을 모두 포기해야 했기 때문이다.

그러므로 그들은 자기 양심을 속이면서도 주님의 명령과 가르침과 행적이 하나님으로부터 온 것이 아니라고 부정할 정당한 근거를 찾아야 했다. 그들은 결사적으로 찾았고, 모든 지혜와 힘을 다 동원했다. 그리고 그 결과 예수님의 능력이 바알세불로부터 온 것이라고 비방하는 것이 좋다고 생각한 것이었다. 그들은 악의적으로 성령의 조명을 거부하고 대적하며 배척했던 것이다.

이런 것이 성령 훼방 죄라는 사실은 히브리서 기자의 증거에서도 명확하게 잘 나타난다.

히브리서 6장 4-6절의 말씀을 보자.

"한 번 빛을 받고 하늘의 은사를 맛보고 성령에 참여한 바 되고 하나님의 선한 말씀과 내세의 능력을 맛보고도 타락한 자들은 다시 새롭게 하여 회개하게 할 수 없나니 이는 그들이 하나님의 아들을 다시 십자가에 못 박아 드러내 놓고 욕되게 함이라" (히 6:4-6)

여기서 히브리서 기자는 "한 번 빛을 받고 하늘의 은사를 맛보고 성령에 참여한 바 되고 하나님의 선한 말씀과 내세의 능력을 맛보고도 타락한 자들은 다시 새롭게 하여 회개하게 할 수 없나니"라고 한다. 이 말은 성경이 진리임을 분명히 깨닫고 은혜의 영광에 참여하여 복음을 부정할 수 없는 조명 상태에 있음에도 불구하고 복음을 거부하게 된 사람들이 결코 사함 받지 못할 것임을 가르친다.

이 모습은 정확하게 바리새인들의 모습이기도 했다. 그들은 예수님이 하나님께서 보내신 메시아라는 명확한 조명을 받은 사람들이었다. 그것은 조금도 부정할 수 없는 명확한 증거들이었다. 그럼에도 불구하고 그들은 의도적으로 거부했다. 하다못해 그들은 예수님이 죽으셨다가 3일 만에 다시 부활하신 사실을 알고도 그 사실을 감췄다. 이들이야말로 "한 번 빛을 받고 하늘의 은사를 맛보고 성령에 참여한 바 되고 하나님의 선한 말씀과 내세의 능력을 맛보고도 타락한 자들"이었다.

더욱 분명한 사실은 이들을 향한 예수님의 말씀 속에서 "말로 인자를 거역하면 사하심을 얻되"라는 말씀과 "말로 성령을 거역하면"이라는 말씀을 대조하여 가르치셨다는 점이다. 여기서 "말로"라는 말씀은 '전인격적으로'라는 뜻을 함축한 표현이다. 이렇게 볼 때, 예수님은 바리새인들의 범죄가 단순히 "사람에 대한 모든 죄와 모독"이 아님을 알 수 있다. 히브리서 기자의 표현으로 말한다면 "한 번 빛을 받고 하늘의 은사를 맛보고 성령에 참여한 바 되고 하나님의 선한 말씀과 내세의 능력을 맛보고 타락한 자들"이라고 지적하신 것이다.

위대한 청교도 신학자 존 오웬John Owen은 『왜 그들은 복음을 배반하는가』에서 성령 훼방 죄를 배도의 개념으로 다음과 같이 설명했다.

그들은 자신의 죄와 정욕 및 불의를 즐거워하여 회개하지 않기로 결심하였다. 복음이 이런 죄들을 정죄하고 심판하자 그들은 진리 자체를 싫어하고 은밀히 증오하기 시작했다. 그러나 겉으로는 계속 믿는 척을 해야 하니까 이런 죄들을 버리라고 요구하지는 않는 것이면 무엇이든지 받아들일 준비가 되어 있다. … 우리는 모든 사람들에게 배도할 위험에 대해 경고해야 한다. 왜냐하면 이런 상태에서는 아무도 회개에 이를 수 없기 때문이다. … 그리고 하나님은 이런 죄인들의 마음을 완고하게 하시고 그들로 하여금 심판받게 하시려고 그들 가운데 유혹을 역사하게 하신다는 사실도 경고해야 한다.[5]

---

5) 존 오웬, 『왜 그들은 복음을 배반하는가』, 안보현 역 (생명의말씀사, 1997), 45-46.

칼빈이나 오웬의 가르침을 통해 본다면 성령 훼방 죄란 단순히 성령 사역을 악령의 사역이라고 취급한 자들에게 내려지는 선고가 아니라는 것을 쉽게 알 수 있다. 하나님께서 복음에 대한 분명한 확신을 주셨음에도 불구하고, 자기 욕심과 불의와 세상에 대한 미련 때문에 여러 가지 명분을 사용하여 적극적으로 거부하는 태도다. 오웬은 이런 사람들에게 하나님은 심판으로 미혹을 허락하셔서 이단에 빠지도록 허락하신다고 한다. 성령의 역사를 악령의 역사로 매도한 것은 몰랐기 때문이 아니다. 알면서도 의도적으로 매도한 것이다.

이런 모습은 조지 휫필드^{George Whitefield} 당시에도 나타났다. 휫필드 당시 사람들은 휫필드의 설교를 들으면서 그 설교가 정말로 성령에 의한 참된 설교라는 것을 부정할 수 없었다. 그의 설교는 죄인들의 죄를 심하게 질책했고 죄로부터 떠날 것을 호소했다. 그러자 사람들은 그의 외모를 명분으로 메시지를 거부하기도 했다.

오늘날에도 이런 현상은 동일하게 나타난다. 성령에 붙잡힌 참된 설교자의 설교를 거부하기 위해 사람들은 설교자의 외모나 지적 수준, 혹은 말투나 표정을 트집 잡기 좋아한다. 이렇게 해서 성령의 각성하게 하시는 조명을 배척하고 공격한다. 그들은 설교자가 하는 말에는 동의한다. 그리고 그 말씀이 성령의 강력한 조명이 있음도 인정한다. 하지만 그의 외모나 표정이나 말투가 마음에 안 들어서 받아들일 수 없다고 한다. 그럼에도 불구하고 그들의 양심은 그 설교가 하나님의 음성이라는 것은 부정하지 못한다.

성령 훼방 죄의 심각성에 대한 경고는 존 번연의 『천로역정』에서 아주 잘 다뤄지고 있다. 여기서 번연은 크리스천이 좁은 문을 통과한 후에 해석자의 방에서 일곱 개의 가르침을 받게 된다. 그 일곱 개의 가르침 가운데 마지막 가르침이 바로 성령 훼방 죄에 대한 경고였다. 여기서 한 사람은 철장에 갇혀서 나오지 못하고 있다. 그 사람은 자신을 "내 자신의 눈이나 다른 사람의 눈에도 상당히 훌륭하고 화려한 신앙고백을 했던 사람이요, 내 자신이 천성의 도시에 합당하다고 생각하였으며, 그 곳에 가야한다는 생각을 했을 때 매우 기뻐했던 자"라고 소개한다.

그런데 그 사람은 절망의 창살에서 빠져나오지 못하고 있다. 그 이유는 다음과 같다.

나는 깨어있지 않았고, 근신하지도 않았습니다. 나의 목에 정욕의 고삐가 놓여졌습니다. 그리고 하나님의 말씀의 빛과 하나님의 선하심에 대해서 죄를 지었습니다. 나는 성령을 근심시켰고, 성령은 나에게서 떠나셨습니다. … 나의 마음은 매우 강퍅해져서 회개할 수도 없게 되었습니다.[6]

이 말을 들은 크리스천은 그를 향하여 회개하면 되지 않느냐고 묻는다. 그러자 그 사람은 절망적인 표정으로 말한다.

나는 나를 새롭게 해 주신 그분을 십자가에 못박았고, 그분의 인격을 경멸하

---

6) 존 번연, 『천로역정』 유덕성 역 (크리스챤다이제스트, 2005), 70-71.

였으며, 그의 의로우심을 멸시하였습니다. 나는 그분의 피를 거룩하지 않은 것으로 여겼으며, 성령의 은혜를 모욕하였습니다.[7]

번연이 여기서 소개하는 성령 훼방 죄에 해당하는 사람들은 사도 베드로가 "만일 그들이 우리 주 되신 구주 예수 그리스도를 앎으로 세상의 더러움을 피한 후에 다시 그 중에 얽매이고 지면 그 나중 형편이 처음보다 더 심하리니 의의 도를 안 후에 받은 거룩한 명령을 저버리는 것보다 알지 못하는 것이 도리어 그들에게 나으니라 참된 속담에 이르기를 개가 그 토하였던 것에 돌아가고 돼지가 씻었다가 더러운 구덩이에 도로 누웠다 하는 말이 그들에게 응하였도다"(벧후 2:20-22)의 말씀과 그대로 일치한다. 두렵게도 사도 베드로는 이 자들에 대한 심판이 거짓 선지자들에 의한 미혹됨이라고 가르친다는 점이다.

"그러나 백성 가운데 또한 거짓 선지자들이 일어났었나니 이와 같이 너희 중에도 거짓 선생들이 있으리라 그들은 멸망하게 할 이단을 가만히 끌어들여 자기들을 사신 주를 부인하고 임박한 멸망을 스스로 취하는 자들이라 여럿이 그들의 호색하는 것을 따르리니 이로 말미암아 진리의 도가 비방을 받을 것이요 그들이 탐심으로써 지어낸 말을 가지고 너희로 이득을 삼으니 그들의 심판은 옛적부터 지체하지 아니하며 그들의 멸망은 잠들지 아니하느니라" (벧후 2:1-3)

사도 베드로의 이 두려운 가르침은 앞에서 오웬이 준 가르침과 그대로 일

---

7) Ibid.

치하며, 바울의 데살로니가후서 2장 9-12절의 가르침과도 일치한다.

이 시점에서 오늘날 성령 훼방에 가장 강력한 수단으로 사용되는 것이 바로 인터넷을 통해 거짓된 설교자의 설교를 찾아다니는 것이라는 점이다. 인터넷의 발달을 통해 올바른 설교를 들을 수 있는 기회도 있다. 하지만 자기의 가려운 귀를 긁어 줄 설교를 찾아다니는 간편한 수단으로 사용되고 있다는 점이다. 인터넷을 통해 다양한 설교를 들을 수 있다는 것은 양날의 검과 같다. 좋은 설교를 통해서 거짓된 설교를 분별할 수 있는 수단으로 사용된다면 좋은 수단으로 인식될 수 있다. 그럼에도 불구하고 사람들이 좋은 설교를 듣는 것으로만 만족하며 귀만 커진다면 그것도 큰 문제가 될 수 있다는 점도 경계해야 한다.

여기서 더 심각한 문제는 자기 교회 담임 목사님 설교가 자기 기호에 맞지 않기 때문에 반박할 근거를 찾기 위해 인터넷을 찾아다니는 사람들이다. 이들은 올바른 말씀을 찾기 위한 것이 아니다. 자기 소견에 옳은 대로 살기 위해서 자기 생각을 지지해 줄 설교자를 찾아다닌다. 두렵게도 이런 행동이 오늘날 성령을 훼방하는 또 다른 방식의 태도라는 점이다. 이런 사람들은 어떤 설교를 듣더라도 그 마음이 굳어져서 회개하지 않는다. 아마도 인터넷의 발달로 말미암아 성령 훼방 죄는 급물살을 타고 있는 것이 아닌가 생각된다.

베드로와 오웬이 엄중하게 경고한 것처럼 이런 사람들의 마지막 종착역은 이단이나 인본주의적인 가르침을 주는 교회다. 그들은 이단의 가르침이나, 인본주의, 혹은 심리적 안일함과 위로를 주는 설교에 점점 빠져들고 만다. 그들은 여기서 진리를 발견했다고 환호한다. 사실 진리를 찾은 것이 아니라 자기가 이제까지 숭배하기 원했던 우상을 만난 것이다. 이제까지 그들은 이런 이단에 빠지지 않도록 하나님의 보호를 받았으나 지속적으로 바른 가르침을 거부함(성령을 훼방함)으로 말미암아 결국 하나님의 보호가 떠난 것이다.

이단에 들어간 사람들이 다 그런 것은 아니다. 그러나 상당수의 사람들 가운데 이런 과정을 밟은 사람들이 많다. 이런 사람들은 아무리 권고를 해도 결코 정통 교회로 돌아오지 않는다. 그들 가운데 상당수의 사람들은 성령을 훼방한 결과로 심판을 받게 된 사람들이기 때문이다. 이런 사람들을 향하여 사도 요한은 "누구든지 형제가 사망에 이르지 아니하는 죄 범하는 것을 보거든 구하라 그리하면 사망에 이르지 아니하는 범죄자들을 위하여 그에게 생명을 주시리라 사망에 이르는 죄가 있으니 이에 관하여 나는 구하라 하지 않노라"(요일 5:16)고 권고한다.

오늘날 우리가 사는 시대의 대표적 배도는 박해나 위협이 아니다. 자기를 부인하고 십자가를 지라는 성경의 권고를 듣기 싫어하는 사람들이 바른 메시지를 거부해야 할 명분과 논리를 인터넷 설교자가 제시하는 달콤한 메시지에서 찾는 것으로 나타난다. 거짓 설교자들을 통해 바른 가르침을 거부할 명분을 찾으며 바른 교리를 향해 점차 마음이 굳어지는 방식으로 배도한다. 인터넷 설교를 통한 미혹은 사람들로 하여금 자신도 모르게 성령을 훼방하도록 한다. 거짓된 가르침은 진리를 거부하고 세상의 헛된 철학과 심리학으로 미혹되어 큰 음녀의 품 안으로 들어오게 한다.

이것을 사도 요한은 요한계시록 13장에서 "어린 양 같이 두 뿔이 있고 용처럼 말"하는 짐승으로 경고했다. 이 짐승은 바로 거짓 선지자, 혹은 적그리스도를 의미한다. 이 짐승이 하는 첫 번째 일은 "큰 이적을 행하되 심지어 사람들 앞에서 불이 하늘로부터 땅에 내려오게 하고 짐승 앞에서 받은 바 이적을 행함으로 땅에 거하는 자들을 미혹"(계 13:14-15)한다. 그리고 이렇게 사람들을 미혹한 짐승의 목표를 요한은 다음과 같이 말해 준다.

"그가 모든 자 곧 작은 자나 큰 자나 부자나 가난한 자나 자유인이나 종들에게 그 오른손에나 이마에 표를 받게 하고 누구든지 이 표를 가진 자 외에는 매매를 못하게 하니 이 표는 곧 짐승의 이름이나 그 이름의 수라 지혜가 여기 있으니 총명한 자는 그 짐승의 수를 세어 보라 그것은 사람의 수니 그의 수는 육백육십육이니라" (계 13:16-18)

어찌 보면 666이라는 것은 성령을 훼방하는 것과 직결된다고 볼 수 있다. 거짓 선지자들이 하는 일은 땅에 속한 자들, 다시 말해서 십자가의 도를 의도적으로 거부하고 육신의 욕망으로 우상 삼는 사람들이 받을 성령 훼방 죄라고 할 수 있다.

마지막 시대의 배도는 사도 바울의 가르침처럼 "하나님이 미혹의 역사를 그들에게 보내사 거짓 것을 믿게 하심은 진리를 믿지 않고 불의를 좋아하는 모든 자들로 하여금 심판을 받게 하려 하심"(살후 2:11-12)이다.

그러므로 이 마지막 시대에 성령을 훼방하는 죄(배도)에 빠지지 않으려면 자기 취향에 맞는 말씀을 찾아다니는 태도를 배격해야 한다. 내가 원하는 말씀이 아니라, 하나님께서 원하시는 말씀을 찾아야 한다. 감상하기 위해 설교를 듣는 것이 아니라, 순종하기 위해 설교를 듣는 태도를 견지해야 한다.

> ☞ **성령 훼방 죄의 정의**
>
> 성령 훼방 죄란 올바른 복음에 대한 분명한 확신을 갖게 된 사람이 의도적으로 복음을 거부하고 저항하여 성령의 감동을 배척하는 것이다.

분별은 개념이다

04

열매

04
열매

교회에서 바른 신앙에 관심 갖는 사람들이라면 거의 예외 없이 성경이 가르치는 열매가 도대체 무엇이냐고 묻는다. 이런 질문이 나오는 이유는 성경 곳곳에 열매의 중요성을 가르치는 구절이 많기 때문이다. 성경이 열매를 중요하게 여기는 이유가 무엇인가? 열매 자체가 중요하기 때문이 아니다. 열매가 각 사람의 정체성을 입증하고 있기 때문이다.

마태복음 12장 33절을 보면 예수님은 "나무도 좋고 열매도 좋다 하든지 나무도 좋지 않고 열매도 좋지 않다 하든지 하라 그 열매로 나무를 아느니라"고 가르치셨다. 이는 열매가 그 사람의 실체를 입증하고 있다는 사실을 보여 준다. 다시 말해서 열매와 나무는 필연적 인과관계를 맺고 있기 때문에 열매는 그 사람의 정체를 명확하게 드러낸다는 말씀이다.

열매는 인간의 본성이 가지고 있는 위선의 가면을 벗긴다. 예수님의 말씀처럼 위선적인 사람들이 자신의 정체를 감출 수 없는 이유는 "선한 사람은 그 쌓은 선에서 선한 것을 내고 악한 사람은 그 쌓은 악에서 악한 것을 내느니라"(마 12:35)고 했기 때문이다.

아무리 자신의 불신앙이나 거짓됨을 감추려 해도 그 마음에 쌓은 악은 어떤 식으로든 드러난다. 따라서 열매는 그 마음의 실체가 외부로 표출된 결과라고 할 수 있다. 이것이 열매의 실체다.

그런데 상당수 신자들은 열매를 자신의 결단과 의지로 맺어야 하는 어떤 율법적 의무라고 생각한다. 열매를 의지의 결과로 오해한다. 신자가 열매 맺기 위해 오직 은혜만 필요할 뿐이라는 가르침을 배울지라도 여전히 인간의 의지와 결단이 중요한 역할을 한다고 생각한다. 마음에 쌓은 선이 열매로 나오는 것이라는 예수님의 말씀을 제대로 이해하지 못하고 있는 것이다. 이런 사람들은 자신이 마치 열매로 나무를 바꿀 수 있다고 생각하는 논리적 오류를 범하고 있음을 알지 못한다.

잠언 4장 23절을 보면 "모든 지킬 만한 것 중에 더욱 네 마음을 지키라 생명의 근원이 이에서 남이니라"라고 가르친다. 잠언은 마음이 생명의 근원이라 한다. 마음을 지키지 않고 선한 행위를 만들어 내려는 것은 마치 기름을 넣지 않은 자동차로 주행하려는 시도와 다르지 않다.

생각해 보라. 기름 없는 차를 움직이듯이 주님의 계명을 지키려는 사람들이 얼마나 많은가? 상당수의 사람들은 거룩한 묵상(쌓은 생각)이 행동을 유발한다는 것을 알지 못한다. 거룩한 열매를 맺으려면 그 이전에 거룩한 묵상을 쌓는 것이 선행되어야 한다. 마음에 거룩한 묵상을 쌓지 않고 행동만 바꾸려는 사람들은 마치 기름 없는 차를 뒤에서 밀고 앞에서 끌어서 주행하려는 것과 같다. 성경이 주님의 계명을 지키라고 명령하신 것은 차를 밀거나 끌라는 뜻이 아니다. 차에 기름을 넣고 시동을 걸라는 뜻이다. 차를 끌려고 하면 버겁게 느껴진다. 그러나 차에 기름을 넣고 시동을 건 후에 액셀러레이터를 밟으면 쉬운 멍에가 된다. 마음에 선을 쌓지 않고 억지로 율법을 지키려는 사람들은 조금 하다 지쳐 넘어진다. 설혹 자기 힘으로 차를 밀어서 어느 정도 움직였다고 해도 그것은 자기 의가 될 뿐이다. 마치 차력사가 자기 힘으로 육중한 차를 끌었다고 우쭐하는 것처럼 말이다. 그러나 운전해서 목적지에 도달해야 할 차를 밀어서 옮겨 놓은 사람은 힘 좋은 사람일지는 모른다. 그러나 어리석은 사람임에 틀림없다.

그러나 교회 안에는 이런 종류의 사람들만 있는 것이 아니다. 자동차를 움직이기 위해 다른 기름을 사용하는 것처럼 행동하는 사람들도 있다. 마치 디젤 엔진 차에 경유를 넣기 거부하고 휘발유, 콩기름, 참기름, 식용유 등을 넣어서 차를 움직이려 한다. 이렇게 다른 연료를 넣고 차에 시동을 걸고 주행하려 한다면 차가 가지 못할 뿐 아니라 엔진이 심각하게 망가진다. 교회 안의 이런 유형의 사람들은 다른 예수, 다른 영, 다른 묵상으로 열매를 맺으려 한다. 이런 사람들은 성경이 가르치는 비슷한 열매를 맺는 듯하다. 그러나 문제는 그 열매가 그리스도와 연합한 열매가 아니라는 것이다.

그러므로 예수님은 "내 안에 거하라 나도 너희 안에 거하리라 가지가 포도나무에 붙어 있지 아니하면 스스로 열매를 맺을 수 없음 같이 너희도 내 안에 있지 아니하면 그러하리라"(요 15:4)고 가르치셨다. 열매는 우리 스스로 맺을 수 있는 것이 아니라는 말씀이다. 열매는 나무가 맺는 것이지 가지가 맺는 것이 아니다. 때문에 정말로 포도 열매를 맺기 원한다면 포도나무에 붙어 있으면 된다. 포도나무에 붙어 있지 않으면서 포도나무 열매를 맺으려 해서는 안 된다. 그러므로 우리가 성령의 열매를 맺기 원한다면 주님 안에 거하면 된다. 그리고 이 선한 열매를 성경은 "영생"이라 가르친다.

그런데 문제는 예수님 당시 유대인들이 "성경에서 영생을 얻는 줄 생각하고 성경을 연구"(요 5:39)한다고 하지만, "영생을 얻기 위하여 내게(예수님께) 오기를 원하지 않는"(요 5:40)다는 점이다. 포도나무 열매를 맺기 원한다고 하면서 포도나무에 붙어있기 원치 않았다는 말이다. 우리 식으로 말한다면 천국에 들어가고 싶지만, 천국의 주인은 싫다는 말이다. 예수님은 "사람이 내 안에 거하지 아니하면 가지처럼 밖에 버려져 마르나니"라고 한다. 그러나 정작 사람들은 나무에 접붙임 되려 하지 않고 자기 스스로 열매를 맺으려 한다. 하나님께서 정말로 미워하시는 것이 바로 이것이다. 왜냐하면 이런 태도는 자기 스스로 구원을 추구하겠다는 우상숭배이기 때문이다. 정말로 참된 신앙을 가진 사람이라면, 우리는 다윗처럼 "나의 마음은 주의 구원을 기뻐하리이다"(시 13:5)라고 고백할 수 있어야 한다.

주님은 제자들에게 열매 맺기 위해 결단하라고 가르치지 않으셨다. 주님은 오로지 "그가 내 안에, 내가 그 안에 거하면 사람이 열매를 많이 맺나니 나를 떠나서는 너희가 아무 것도 할 수 없음이라"(15절)고 가르치셨을 뿐이다. 주님 안에 거하면 자동적으로 열매를 맺게 된다는 말씀이다. 그래서 오직 은혜라 한다.

그런데 우리는 주님의 가르침을 반대로 의식한다. 그래서 성경이 요구하는 열매가 무엇인지 알려 주면 그 열매를 맺기 위해 노력하겠다고 한다. 다시 말하지만 열매가 중요한 것이 아니다. 열매가 무엇인지 안다고 해서 열매 맺을 수 있는 것도 아니고, '열매는 바로 이것이다'고 말할 성질도 아니다. 굳이 열매가 무엇인지 말한다면 날마다 성경과 설교를 통해서 주님이 주신 말씀을 온전히 순종하는 것이라고 할 수 있다. 말씀을 따라 사는 것이 열매다.

여기서 주의해야 할 점은 열매를 맺어서 나무에 연합되겠다고 생각하지 말아야 한다는 점이다. 또 열매를 맺어서 자신이 포도나무에 연합된 존재임을 입증하겠다고 생각하지도 말라. 이것이 바로 알미니안주의자들의 사고방식이다. 알미니안주의자들은 열매를 '내가' 의지를 사용하여 맺는 것이라 생각한다. 그래서 그들은 열매를 맺기 위해 믿음이 필요하다고 가르치기보다는 결단과 방법을 중요시 여긴다. 이런 사람들은 열매 맺기 위해 더 많은 지식, 더 탁월한 방법을 찾아다닌다. 믿음으로 그리스도와 연합되길 힘쓰기보다는 더 탁월한 지식을 쌓거나 더 탁월한 수행 방법을 찾으면 좋은 열매를 맺을 수 있다고 생각한다.

예수님은 우리가 관심 가져야 할 대상은 열매가 아니라 포도나무, 즉 그리스도와 연합이라 가르치신다. 핵심은 열매가 아니다. 주님 안에 거하는 것이다. 우리가 관심 가져야 할 핵심은 그리스도 안에 거하는 것이다. 이것이 요한복음 15장의 포도나무 비유의 핵심이다. 그리스도와 관계 맺으면 열매는 자동적으로 나온다. 열매는 포도나무와 연결되었다는 사실을 보여주는 결과물일 뿐이다. 자꾸 열매에 초점을 두면 공로주의 오류에 빠진다. 그리스도는 관심 대상에서 멀어진다. 이런 사람들은 율법을 지켰느냐 지키지 않았느냐만 관심을 갖는다. 이것이 바로 '율법주의'다.

율법주의의 문제가 무엇인가?

예수님의 가르침처럼 "회칠한 무덤 같으니 겉으로는 아름답게 보이나 그 안에는 죽은 사람의 뼈와 모든 더러운 것이 가득하다"(마 23:27)는 점이다. 열매가 있는 것 같지만 그 속에 생명 되신 그리스도가 없다는 것이 문제다. 그리스도가 목적이 되지 않고 열매가 목적이 된 사람들의 문제가 바로 여기에 있다. 이 모습은 '구원'에만 초점을 맞추는 태도로도 나타난다. 신앙의 목적이 그리스도가 아니라 구원이다. 이런 태도를 견지하면 그리스도는 단지 구원의 수단으로 여겨질 뿐이다.

그러나 그리스도가 목적이 되면 열매(구원)는 따라온다. 그래서 성경은 '그리스도 안에 거하라'는 가르침에 초점을 둔다. 그리스도 안에 거하면 '그리스도께서도 우리 안에 거하리라' 말한다. 연합이 이뤄진다는 말이다. 이것은 어떤 행위를 요구하는 것이 아니다. 성령의 주권을 통한 '믿음'을 강조하는 말씀이다. 그리스도를 믿으면 자동적으로 열매를 맺는다.

그러면 열매를 맺도록 하시는 '믿음'이란 무엇인가?

믿음에 대해서는 이미 용어 해설을 통해 언급했다. 그러나 다시 간략하게 언급한다면 성령께서 우리를 그리스도와 연합시키시는 수단이라고 요약할 수 있다. 그러면 이 믿음은 어떻게 주어지는가? 하나님의 주권으로 주어진다. 하나님의 주권이기 때문에 가만히 있으면 믿음이 생긴다는 뜻인가? 아니다. 성경은 우리에게 은혜의 방편을 통해 믿음이 주어진다는 점을 가르친다.

신자는 바른 말씀에 귀를 기울이고, 끊임없이 구하고 찾고 두드리는 자들에게 믿음을 주신다고 가르치신다. 믿음은 들음에서 나기 때문에 들어야 한다. 그러나 듣기만 하고 잊어버리는 사람에게는 믿음이 생기지 않는다. 사도 야고보는 듣기만 하고 잊어버리는 사람들이 믿음을 얻을 수 없다고 가르친다. 도리어 "자유롭게 하는 온전한 율법을 들여다보고 있는 자는 듣고 잊어버리는 자가 아니요 실천하는 자니 이 사람은 그 행하는 일에 복을 받으리라"(약 1:25)고 한다. 듣고 실천하는 행위를 예수님은 구하고 찾고 두드리는 것으로 가르치셨다. 그리스도는 밭에 감춰진 보화 같고, 값진 진주 같아서 구하고 찾고 두드리는 사람이 아니면 그 실체가 보이지 않는다. 성령님은 우리에게 믿음을 주실 때, 구하고 찾고 두드리는 해산의 수고를 사용하셔서 마음을 간절하게 하시고, 종국에는 자기 소유를 다 팔아 그리스도를 소유하게 하신다. 그리스도와 한 몸으로 연합을 이루는 믿음은 이런 씨름의 과정을 통해 주어진다.

그러나 애석하게도 우리는 이렇게 그리스도 안에 거하길 열망하지 않는다. 단지 자기 의지와 노력으로 열매만 맺으면 된다고 생각한다. 열매를 자기 힘으로 맺으려 하다가 좌절하거나, 아니면 열매를 자기 방식으로 규정하는 오류에 빠진다. 마치 바리새인들이 믿음 없이도 율법을 지킬 수 있도록 가공한 전통을 수행하면서 자기 의에 빠졌던 것처럼 말이다. 그러나 그들이 맺는 열매는 율법이 가르치는 수준이 아니었다. 장로들의 전통에 충실한 행동일 뿐이었다. 그래서 "바리새인은 서서 따로 기도하여 이르되 하나님이여 나는 다른 사람들 곧 토색, 불의, 간음을 하는 자들과 같지 아니하고 이 세리와도 같지 아니함을 감사하나이다"라고 생각했다. 이들의 문제는 그리스도 안에 거하길 열망한 것이 아니라, 열매 맺는 데만 관심을 갖고 있었다는 점이다. 그렇기 때문에 결국 그리스도를 죽이는 일에 앞장선 것이다.

그러면 성경이 가르치는 열매란 무엇인지 말해 보자.

도덕적 선을 말하는가? 종교적 열심을 말하는가? 천사처럼 말하고, 자기 몸을 불사르게 내어 주는 것을 말하는가? 정답은 포도열매를 맺는 것이다. 다른 어떤 유사한 열매도 의미 없다. 성경이 요구하는 열매는 오로지 포도나무가 가지를 통해 맺는 열매뿐이다. 내 의지의 열매가 아니다. 내 의지의 열매라면 나의 열매일 뿐이다. 포도나무 열매라고 할 수 없다. 하나님은 열매 자체에 관심을 두지 않으신다. 단지 그 열매가 포도나무(그리스도)로부터 나온 열매인가를 보실 뿐이다. 열매는 단지 포도나무에 접붙임 되었다는 것을 입증할 뿐이다. 엄밀한 의미에서 열매에게 가지는 사실 별 의미 없다.

좀 더 구체적으로 말한다면, 신자는 '말씀에 의해' 열매를 맺는 존재가 되어야 한다는 뜻이다. 하나님 말씀이 성령의 능력과 나타나심으로 우리 마음에 들어가면 그 말씀이 묵상을 야기하여 마음에 선한 것을 쌓게 한다. 이렇게 말씀에 마음이 사로잡혀 선한 것이 쌓이면 그 힘으로 열매가 나타나게 된다. 그래서 잠언은 마음이 생명의 근원이라고 가르치는 것이다.

이것을 씨 뿌리는 비유가 아주 잘 설명해 준다. 밭(마음)은 열매를 맺는 주체가 아니다. 열매는 씨(말씀)가 자라서 맺는다. 밭은 단지 씨를 잘 받아들여 열매를 맺는 환경을 조성할 뿐이다. 만일 씨가 길가 밭에 떨어져 새들이 먹어 버리거나, 혹은 자갈밭에 떨어지면 밭은 존재 의미가 없다. 또 어떤 씨가 가시떨기에 떨어질 경우에는 기운이 막혀 온전히 결실하지 못한다.

이 비유를 요한복음 15장에 언급된 가지와 포도나무의 관계로 이해하면 더 선명해진다. 단지 차이가 있다면 씨 뿌리는 비유는 가지가 포도나무에 제대로 접붙임 되지 않는 이유를 설명하고 있을 뿐이다. 가지와 포도나무의 관점에서 씨 뿌리는 비유를 본다면 길가밭은 아예 포도나무와 연결되지 않은 상태와 같다. 두 번째로 자갈밭은 "싹이 났다가 습기가 없으므로 말랐다"(눅 8:6)고 한 것처럼, 가지가 나무에 접붙임 된 것 같지만 가지의 절단면이 메말라 진액이 너무 부족하여 가지가 말라버리는 것과 같다. 마지막 세 번째로 가시떨기가 자라는 밭은 "이생의 염려와 재물과 향락에 기운이 막혀 온전히 결실하지 못하는 자"(눅 8:14)라고 한 것처럼 접붙임을 받은 그 자리에 불순물로 말미암아 제대로 접붙임이 안 된 상태와 같다.

　지금까지 언급한 것을 염두에 둘 때, 신자에게 열매가 제대로 나타나지 못하는 이유는 결국 그리스도와 온전한 연합이 이루어지지 못한 데 있다고 할 수 있다. 구체적으로 말한다면 신자의 심령 속에 말씀이 제대로 남아 있지 못하다는 점이 문제라 할 수 있다. 성경이 가르치는 열매는 신자가 의지를 사용하여 말씀대로 사는 것이 아니다. 말씀이 신자의 생각과 마음을 사로잡아 감정과 의지를 움직인 결과다. 신자가 열매 맺기 원한다면 무엇보다 묵상을 빼앗기지 않아야 한다. 마음을 지켜야 한다. 따라서 신자가 포도나무라는 그리스도에게 제대로 연결만 되면, 그리스도라는 포도나무의 열매는 자동적으로 나타난다. 삼십 배, 육십 배, 백 배의 열매가 나온다.

　그러므로 믿음으로 하지 않은 것은 아무리 아름다운 행위라고 하더라도 죄일 뿐이다. 그리스도께서 나를 통해서 행하지 않은 것은 우리 눈에 아무리 선한 열매처럼 보일지라도 단지 유사한 열매일 뿐이다. 하나님께서 원하시는 열매가 아니다. 포도나무에서 나온 열매가 아니라면 어떤 열매도 의미가 없다. 열매의 핵심은 출처이지 외적인 아름다움이나 사람들의 평가가 아니다.

　"내가 사람의 방언과 천사의 말을 할지라도 사랑이 없으면 소리 나는 구리와 울리는 꽹과리가 되고 내가 예언하는 능력이 있어 모든 비밀과 모든 지식을 알고 또 산을 옮길 만한 모든 믿음이 있을지라도 사랑이 없으면 내가 아무 것도 아니요 내가 내게 있는 모든 것으로 구제하고 또 내 몸을 불사르게 내줄지라도 사랑이 없으면 내게 아무 유익이 없느니라" (고전 13:3)

그리스도라는 나무에서 나온 열매가 되려면 오직 믿음만 필요하다. 또 말씀과 기도라는 은혜의 방편만 사용해야 한다. 말씀을 통해서 그리스도 안에 있는 하나님의 영광만을 바라보고, 기도를 통해 그 영광에 연합하는 성령의 은총을 구해야 한다. 이렇게 은총을 구하게 될 때, 성령님은 마른 가지 같은 우리를 통해 열매를 맺으신다.

그러므로 성도가 진정으로 그리스도 안에 거하고 열매 맺기 원한다면 부지런히 은혜의 방편을 사용해야 한다. 그러면 우리에게 그리스도께서 나를 통해서 행하시는 일이 나타나게 된다. 이것이 성경이 가르치는 열매이다.

☞ 열매의 정의

열매란 성령께서 말씀을 우리 심령에 심으시고, 그 말씀이 우리의 감정과 의지를 움직인 결과다.

분별은 개념이다

05

순종과 불순종

05
순종과 불순종

신앙 영역에서 순종이라는 용어는 아무리 강조해도 지나침이 없다. 특히 기독교 신앙에서 순종 없는 신앙은 '불신앙'이라고 규정된다. 사도 바울이 그의 서신서에서 순종과 믿음을 동의어로 병용하여 언급한 것을 보면 순종과 믿음의 관계는 결코 뗄 수 없는 밀접한 관계임에 틀림없다. 사도 야고보는 순종과 신앙의 관계에 대해 "영혼 없는 몸이 죽은 것 같이 행함이 없는 믿음은 죽은 것이니라"(약 2:26)고 더 강렬하게 언급하고 있기도 하다.

사무엘상 15장 22절의 말씀은 순종과 관련하여 우리가 너무도 잘 아는 유명한 성경 구절이다.

"사무엘이 이르되 여호와께서 번제와 다른 제사를 그의 목소리를 청종하는 것을 좋아하심 같이 좋아하시겠나이까 순종이 제사보다 낫고 듣는 것이 숫양의 기름보다 나으니" (삼상 15:22)

사무엘이 사울 왕에게 대언했던 이 유명한 성경 구절은 기독교 신앙에서 순종이 얼마나 중요한 위치를 차지하는지 잘 보여준다. 이 말씀을 문자적으로만 본다면 순종이 제사보다 낫다는 말처럼 보인다. 그러나 이 말의 진정한 의미는 '순종이 곧 제사다(예배다)'라는 강조 표현으로 이해하는 것이 더 적절하다.

성경에서 '순종'이라는 용어가 이렇게 중요하게 여겨짐에도 불구하고, 이 용어는 교회 안에서 너무 자주 완전히 다른 개념으로 오용(誤用)되곤 한다. 상당수 목회자들이 자기의 목회적 권위를 강화하기 위해서 이 용어를 남용하는 경우가 많기 때문이다. 놀랍게도 이 용어의 오용은 교회가 타락할 때마다 가장 악용되곤 했다. 무엇보다 이 용어는 기독교가 종교적 외식으로 빠지게 될 때 가장 흔히 변질되는 용어가 되었다.

그 대표적인 예가 바로 천주교다. 천주교는 중세시대를 지난 지금도 교황과 신부(사제)에게 대한 순종이 곧 하나님께 대한 순종이라 가르친다. 이러한 가르침은 소위 '호가호위'(狐假虎威), 즉 호랑이의 위세를 등에 업고 으스대는 여우의 꼴과 전혀 다르지 않다. 다시 말해서 하나님의 권위를 악용하여 신자들 위에 신적 권위로 군림하려는 태도라는 말이다. 물론 교황이나 신부, 혹은 목회자가 정확하게 하나님의 말씀을 대언할 경우라면 이런 가르침은 정당함에 틀림없다. 그러나 개인의 주장을 하나님의 명령으로 둔갑시켜 신적 권위를 휘두른다면 그것은 신성모독임에 틀림없다.

이런 모습은 사도행전에서 대제사장들을 비롯한 관리들의 모습 속에서도 동일하게 나타났다. 베드로가 공회에 잡혔을 때, 그들은 자신의 종교적 지위를 사용하여 "예수의 이름으로 말하지도 말고 가르치지도 말라"(행 4:18)고 엄격한 순종을 강요했다. 공회에서 이런 명령을 받았을 베드로는 상당히 위협적으로 느꼈을 것이다. 이들의 요구는 하나님을 등에 업고 호가호위(狐假虎威)하는 것이었다.

이에 대한 베드로의 반론은 우리가 순종에 대해 관심 가져야 할 중요한 관점을 보여 준다.

> "하나님 앞에서 너희의 말을 듣는 것이 하나님의 말씀을 듣는 것보다 옳은가 판단하라" (행 4:19)

베드로의 당돌한 반격은 분명히 대제사장의 권위에 대한 도전으로 보였다. 그러나 베드로의 발언은 결코 그의 권위에 도전하려는 것은 아니었다. 그는 지금 하나님의 신적 권위를 명분으로 하나님의 권위를 무너뜨리려는 그들의 악한 태도에 저항하고 있는 것일 뿐이다. 베드로가 이런 선택을 할 수밖에 없는 것은 이것이 '진정한 의미에서 순종'이었기 때문이다. 물론 성도는 사도 바울의 가르침처럼 "각 사람은 위에 있는 권세들에게 복종"(롬 13:1)하는 것이 마땅하다. 왜냐하면 이 세상의 모든 권위는 하나님께서 부여하신 것이기 때문이다(롬 13:1). 따라서 성경의 관점에서 볼 때, 정당한 권위에 대한 불순종은 사실 "하나님의 명을 거스름"(롬 13:2)으로 규정된다.

이런 주장을 하면, 항상 나오는 질문이 있다. 그것은 악한 정권도 하나님으로부터 온 것이라고 볼 수 있느냐는 것이다. 이 질문에 대한 대답은 'yes'이다. 어떻게 이런 질문에 대한 대답이 'yes'가 될 수 있는가?

로마서 13장 4절이 분명하게 대답해 주고 있다.

"그는 하나님의 사역자가 되어 네게 선을 베푸는 자니라 그러나 네가 악을 행하거든 두려워하라 그가 공연히 칼을 가지지 아니하였으니 곧 하나님의 사역자가 되어 악을 행하는 자에게 진노하심을 따라 보응하는 자니라" (롬 13:4)

이 말씀에는 두 가지 메시지가 담겨 있다. 첫째는 선하고 공정한 사람이 권세자가 되는 것은 "하나님의 사역자가 되어 네게 선을 베푸는 자"의 역할이라는 점이다. 그리고 두 번째로 악한 사람이 권세자가 되는 것은 우리의 악에 대한 하나님의 심판으로 "하나님의 사역자가 되어 악을 행하는 자에게 진노하심을 따라 보응하는 자"가 된다는 말이다. 이에 대해 칼빈도 『기독교 강요』 국가론에서 동일한 가르침을 주고 있다.

참으로 하나님께서는 공공의 유익을 위해 통치하는 사람들은 하나님의 은혜의 진정한 표본이며 증거이고, 불의하고 무능하게 다스리는 지배자들은 국민의 사악함을 벌하시기 위해 세우셨으며, 지배자들은 모두가 한결같이 하나님께서 합법적인 권력을 주신 거룩한 위엄을 부여받았다고 말씀하신다.[8]

---

8) 기독교 강요 IV. 20, 25.

여기서 우리는 부당한 권위라 하더라도 복종해야 한다는 칼빈의 가르침에 동의하기 어렵다. 어쩌면 이런 태도는 비겁한 태도처럼 보이기도 한다. 우리의 이성은 부당한 권력에 대해 저항하는 것이 정의를 추구하는 합리적 태도라고 생각된다. 그러나 칼빈은 이런 태도를 강하게 비판한다.

왕들의 제멋대로 하는 횡포는 정도를 지나칠 것이나 그것을 제한하는 것은 너희가 할 일이 아니다. 너희가 할 수 있는 일은, 왕들의 명령에 복종하며 그들의 말을 듣는 오직 이 한 가지뿐이다.[9]

더 나아가 칼빈은 "권리를 지키는 것은 국민이 할 일이 아니라 하나님께서 하실 일"[10]이라고 가르친다.

칼빈의 이 가르침은 의협심에 불타는 사람들에겐 답답하고 비겁하게 느껴질 수 있다. 그러나 칼빈의 가르침은 우리의 반감에 기름 붓는 가르침을 더한다.

고삐 풀린 듯한 독재를 교정하며 보복하는 것이 하나님께서 하시는 일이라면, 우리는 그 일이 우리에게는 위탁되지 않았음을 즉시 생각해야 한다. 우리에게 복종하며 고통을 참으라는 명령만 주어졌다.[11]

---

9) 기독교 강요 IV. 20. 26.

10) 기독교 강요 IV. 20. 29.

11) 기독교 강요 IV. 20. 31.

그렇다면 하나님은 어떻게 국민들의 권리를 보호해 주시고 보복해 주신다는 것인가? 하나님은 약자의 하나님이 아니라 강자의 하나님이시라는 말인가? 고아와 과부의 하나님은 어디에 계신다는 말인가? 이에 대해 칼빈은 부당한 권력의 폭정을 막도록 세워 준 사람들이 바로 '헌법상의 관리들'이라 가르친다. 그들은 오늘날 국회에서 의정 활동을 하는 '국회의원들'이다. 그러나 그들이 만일 이런 성스러운 책임과 의무를 수행하지 않는다면 그들은 모든 국민들의 멸시와 공격을 받더라도 할 말이 없다. 칼빈은 다음과 같이 가르친다.

> 나는 그들이 왕들의 사나운 방종에 대해 그들이 의무대로 항거하는 것을 금하지 않으며, 오히려 그들이 미천한 일반 대중에 대한 군주들의 폭정을 눈감아 준다면 나는 그들의 이 위선이 극악한 배신행위라고 선포할 것이다. 그들은 하나님의 명령에 의해서 국민의 자유를 보호하는 자로 임명된 줄을 알면서도 그 자유를 부정직하게 배반하는 자가 되었기 때문이다.[12]

국민의 자유와 권리를 지키는 일은 국회의원들에게 위임된 권리다. 국회의원들이 부당한 권위에 저항하지 않는다면 그들은 국민들에게 극악한 배신행위를 한 것이다. 칼빈이 부당한 권위에 대해 이렇게 철저한 복종을 요구한 데는 이유가 있다. 그것은 그 권위 자체에 대한 존중에 있지 않다. 그 권위에 대한 복종을 통해 하나님의 권위에 복종하고, 하나님의 징계를 받아야 한다는 점을 가르치기 위해서다. 이것은 바울 사도가 부모나 주인에 대

---

12) 기독교 강요 IV. 20. 31.

해 복종해야 하는 원리를 그대로 적용한 것이다. 따라서 칼빈은 부당한 권력에 대해 국민의 저항도 바울이 가르친 하나의 예외 조항으로 가르친다. 그것은 인간에 대한 복종이 하나님께 대한 불복종이 될 경우다. 칼빈은 다음과 같이 가르친다.

> 주 안에서만 그들에게 순종해야 한다. 만일 그들의 명령이 하나님과 반대되는 것이라면, 그 명령을 존중하지 말라. 이럴 때에는 집권자들이 가진 위엄에 조금도 관심 가질 필요가 없다. 그들이 진정으로 최상인 하나님의 권력 앞에 굴복한다고 해도 그들의 위엄은 조금도 상하지 않는다. 이런 생각에서 다니엘은 그가 왕의 불경건한 칙령에 복종하지 않았을 때에 자신은 왕에게 어떤 죄를 지은 것이 아니라 하였다.[13)]

인간 권위에 대한 복종은 곧 하나님께 대한 복종과 직결되어야 한다. 칼빈의 가르침은 권세자들의 권위가 하나님으로부터 '위탁된 권위'일 뿐이라는 점을 가르친다. 위탁된 권위라는 말은 권위의 주체가 하나님이시라는 뜻이다. 하나님의 의도에 부합하지 않는 권위는 언제든지 하나님의 주권에 의해 제거될 수 있다. 그러므로 모든 사람은 권위에 복종하고 순종해야 하지만, 권세자들은 그 권력을 정당하게 행사하지 않으면 하나님으로부터 그 권력이 한순간 회수될 있다는 두려움을 가져야 한다. 세상 권력에 대해 복종하는 것만이 신앙이 아니다. 부당한 권력에 적절하게 불복종하고 저항할 줄 아는 것도 신앙이다. 이 태도가 자유민주주의 사회에 보편화되면 시민

---

13) 기독교 강요 IV. 20. 32.

들은 세상에서 권력자의 노예가 아니라 자유인으로 사는 성숙함을 보여주게 된다.

이제 칼빈이 세상 권력자에게 순종하라는 가르침을 가까운 관계에서 생각해 보자. 일차적으로 신자는 부모, 목회자, 직장 상관에게 순종하는 것이 하나님을 향한 순종에 초점이 맞춰졌다는 점을 기억해야 한다. 궁극적으로 순종 대상은 사람이 아니라 하나님이시다.

하나님은 당신이 권위를 위임하신 사람에게 복종하는 방식을 통해 자신에 대한 순종을 드러내시도록 하셨다. 사람이나 교회 제도와 질서, 국가의 권위에 순종하는 것은 결국 하나님께 대한 복종 방식이다.

그러므로 바울은 "네 부모를 공경하라"는 5계명을 에베소서 6장 1절에서 "자녀들아 주 안에서 너희 부모에게 순종하라"고 했다. 여기서 우리는 바울이 "부모에게 순종하라"고 하지 않고, "주 안에서 순종하라" 했다는 사실에 관심을 두어야 한다. 이는 신자의 순종이 하나님께 향해야 한다는 점을 잘 보여 준다. 이 명령은 악한 권력자라 하더라도 하나님의 뜻에 부합한다면 복종해야 한다는 뜻이며, 반대로 자기가 좋아하는 권력자라 할지라도 하나님의 뜻에 어긋난다면 순종하지 않아도 된다는 점을 가르친다. 베드로가 한 말처럼 하나님 앞에서 사람의 말을 듣는 것보다 하나님의 말씀을 듣는 것이 더 옳기 때문이다. 이것이 칼빈의 주장이다.

프란시스 쉐퍼Francis A. Schaeffer는 이러한 성경의 가르침을 '시민 불복종'이라는 개념으로 승화시켰다. 그는 하나님의 명령을 불순종하도록 강요하는 권위는 이미 하나님으로부터 온 권위라 볼 수 없으며, 마귀적이라 보았다. 그러므로 마귀적 권위에 대한 순종은 그 자체로 하나님께 대한 반역을 의미한다. 그러므로 성도는 불법한 권위에 대하여 불복종해야 할 의무가 있다고 강하게 성토한다.

이러한 쉐퍼의 가르침은 간혹 어떤 사람들에 의해 '사회 혁명'의 논리로 오용되곤 한다. 악한 권위(자기 마음에 들지 않는 권위)는 우리 힘으로 무너뜨려야 한다는 것이다. 그러나 이런 행위가 또 다른 차원에서 하나님의 권위에 대한 도전이 될 수 있다는 사실을 기억해야 한다. 앞에서 살펴보았던 칼빈의 가르침처럼 권위를 세우신 분은 하나님이시며, 그 권위를 거두시는 분도 하나님이심을 인정해야 한다.

하나님은 질서의 하나님이시다. 질서는 아랫사람들의 복종을 통해 이뤄지며, 윗사람의 징계로 지켜진다. 이 두 가지 방식이 적절하게 조화되어야 하나님께 대한 복종과 질서가 유지된다. 부모가 하나님의 뜻에 위배되는 것을 요구한다고 했을 때, 부모의 요구가 부당하기 때문에 완력을 행사하거나 무례한 행동이 정당화될 수 있는 것은 아니다.

다윗의 모습을 보자. 그는 사울의 불법한 행동과 명령을 거부했으나 그에게 불의한 방법을 사용하면서 저항하지 않았다. 자신도 왕으로 기름 부음

받았지만 하나님께서 세우신 권위를 인위적으로 무너뜨리지 않았다. 그는 하나님의 질서와 주권에 맡겼다. 자신을 죽이려고 군대를 몰고 온 사울 왕의 옷자락을 조금 자른 것까지도 깊이 애통하며 참회했다.

> "사울의 옷자락 뱀으로 말미암아 다윗의 마음이 찔려 자기 사람들에게 이르되
> 내가 손을 들어 여호와의 기름 부음을 받은 내 주를 치는 것은 여호와께서 금
> 하시는 것이니 그는 여호와의 기름 부음을 받은 자가 됨이니라" (삼상 24:5-6)

물론 이런 태도를 견지하는 것이 성도에게 얼마나 큰 고통과 인내를 요구하는지 알고 있다. 그러나 이것이 하나님의 뜻이고 하나님의 영광이 나타나는 방식이라면 우리는 이 명령에 순종하는 법을 배워야 한다. 우리는 가정과 교회와 사회와 국가에서 다윗의 이런 겸손을 잘 묵상하여 적용해야 한다. 왜냐하면 하나님께 대한 순종은 단순히 종교적인 영역에만 한정된 것이 아니라, 하나님께서 정하신 모든 권위에 대한 태도에서 그 실체를 드러내기 때문이다.

마지막으로 순종은 '겸손'과 직결되어 있다는 점을 언급하고자 한다. 첫 인류의 불순종 원인은 교만 때문이었다. 권위를 행사하는 사람의 생각보다 자신의 생각이 더 우월하다는 판단이 불순종의 원인이었다. 뿐만 아니라 불순종의 원인은 감정과 직결된다. 머리로는 옳다고 인정되지만 자신의 감정이 동의할 수 없어서 순종하지 못한다.

무엇보다 간과하지 말아야 할 사실은 하나님께서 허락하신 권세에 대한 불순종의 원인은 결국 하나님께 대한 불순종과 직결되어 있다는 점이다. 하나님께 대한 반역적인 본성이 하나님께서 세우신 세상 권세에 대한 거부와 저항을 갖게 한다는 것이다.

1968년 프랑스에서 일어난 68혁명은 이런 사실을 잘 보여 준다. 68혁명의 구호는 "금지하는 모든 것을 금지하라"는 것이었다. 하나님께서 정하신 모든 권위에 대해 저항하는 것이 그들의 구호 핵심이었다. 국민은 국가 권력에, 제자들은 스승에게, 자녀는 부모에게, 아내는 남편에게, 종은 상전에게 저항해야 한다고 외쳤다. 이 모든 저항의 창 끝은 사실 하나님께 향한 것이었다.

우리는 이런 68혁명의 정신에 결코 동조해서는 안 된다. 바울은 에베소서 6장에서 자녀들을 향해 "주 안에서 너희 부모에게 순종하라" 가르치면서 종들에게 다음과 같이 가르친다.

"종들아 두려워하고 떨며 성실한 마음으로 육체의 상전에게 순종하기를 그리스도께 하듯 하라 눈가림만 하여 사람을 기쁘게 하는 자처럼 하지 말고 그리스도의 종들처럼 마음으로 하나님의 뜻을 행하고 기쁜 마음으로 섬기기를 주께 하듯 하고 사람들에게 하듯 하지 말라" (엡 6:5-7)

여기서 바울은 종들에게 그냥 순종하라고 가르치지 않는다. "성실한 마음으로" 순종하라고 한다. 또 더 나아가 "그리스도께 하듯 하라 눈가림만 하여 사람을 기쁘게 하는 자처럼 하지 말고 그리스도의 종들처럼 마음으로 하나님의 뜻을 행하고 기쁜 마음으로 섬기기를 주께 하듯 하고 사람들에게 하듯 하지 말라"고 한다.

이것을 오늘날 직장 생활하는 그리스도인들에게 적용한다면, 직장생활은 돈벌이를 위해 억지로 직장 상사의 권위에 복종할 것이 아니라고 가르친다. 신자는 직장에서도 그리스도를 섬기는 태도로 질서에 복종해야 한다. 마치 내 사업처럼 자원하는 마음으로 기쁘게 하라는 말이다.

"질서와 평등" 용어 해설에서도 언급한 것처럼, 권위에 대한 순종은 하나님께서 창조하신 모든 피조질서의 생명과 같다. 그래서 바울의 가르침을 보면 윗사람들에게 아랫사람들을 사랑하라는 명령보다 아랫사람들에게 순종하라는 명령을 먼저 한다. 순종이 사랑보다 앞선다.

순종이 모든 것의 기초를 이룬다는 사실은 자녀 교육에서도 쉽게 입증된다. 어렸을 때부터 순종이 훈련되지 않은 아이들은 결코 어떤 가르침도 받을 수 없다. 가르침은 윗사람에게 순종하는 태도가 전제되어야 가능하다. 순종하지 않는 아이들에게는 아무리 좋은 것도 가르칠 수가 없다. 순종이 없으면 사랑도 파괴된다. 불법이 성하면 사랑이 식어지는 법이다(마 24:12). 순종은 하나님께서 창조하신 질서를 이루기 위해 반드시 선행되어야 한다.

이런 태도를 예수님께서 직접 보여 주셨다. 바울은 예수님께서 "사람의 모양으로 나타나사 자기를 낮추시고 죽기까지 복종하셨으니 곧 십자가에 죽으심이라"(빌 2:8)고 가르치셨다. 예수님께서 인간의 불순종으로 말미암아 철저히 파괴되는 세상에 오셔서 하신 일은 "죽기까지 복종하셨다"고 한다. 피조된 세계의 재건과 회복을 위해 오신 예수님이 하신 것은 순종이었다. 그리고 이 순종을 구원받은 성도들에게 요구하신다. 하나님은 교회의 철저한 순종을 통해서 하나님 나라를 세우신다. 그리고 이 순종을 바로 "예배"라고 한다.

예배는 종교적 형식이 아니다. 좋은 설교를 듣고 감동받는 것으로 그치는 것이 아니다. 하나님의 뜻을 알고 순종하는 삶의 자리로 나가는 것이다. 순종이 없는 제사는 위선이다. 더 나아가 듣고 알지만 거역하는 것은 "점치는 죄"와 같다. 여호와 하나님의 뜻을 알고도 말씀을 버린다면 사울에게 하신 경고처럼 우리도 하나님께 버림받아 왕이 되지 못하게 된다.

결론으로 들어가자.

성도에게 순종은 믿음의 척도다. 순종 없는 신앙은 죽은 신앙이다. 순종이 없는 신앙은 모래 위에 지은 집과 같다. 불순종은 하나님의 심판이 이 땅에 임하게 된 주된 원인이다. 아담과 하와가 에덴동산에서 쫓겨나 정녕 죽게 되리라는 선언이 이루어지게 된 원인도 결국 '불순종'에 있었다. 그러나 순종이 무조건 옳은 것도 아니다. 모든 순종은 항상 하나님께 향할 때만 정당하다. 올바른 순종을 위해서는 항상 분별력이 전제되어야 한다. 분별력이 결여된 순종이 때로는 하나님께 대한 저항(불순종)이 될 수 있기 때문이다. 마틴 루터가 로마 가톨릭의 권위를 저항하고 불순종했던 것은 하나님께 대한 순종을 위해서였다.

다시 반복하지만 궁극적으로 성경이 가르치는 순종은 하나님의 뜻에 대한 순종이지 사람에게 대한 순종이 아니다. 우리가 아무리 부모나 세상 권세자들에게 순종과 공경을 잘한다 할지라도 그 순종과 공경이 항상 하나님께 대한 공경과 순종을 향하고 있는지 민감하게 분별해야 한다. 순종은 항상 그 끝이 어디로 향하고 있는지 살펴보아야 한다. 왜냐하면 이 순종의 끝이 어디를 향했는가가 바로 자기가 섬기는 신이 누구인지 의미하기 때문이다.

☞ **순종의 정의**

순종은 단순히 세상 권위에 대한 복종이 아니다. 그 권위를 주신 하나님께 대한 순종을 의미한다. 그러므로 권위에 대한 순종을 통해 우리는 하나님께 대한 예배를 직간접적으로 수행하게 된다.

분별은 개념이다

06

선과 악

06
선과 악

죄의 문제와 함께 반드시 다룰 수밖에 없는 용어는 '선'과 '악'이다. 죄가 죄로 규정되려면 반드시 무엇이 '선'이고 무엇이 '악'인지 분명하게 규정되어야 하기 때문이다. 이 문제는 단순히 법률과 종교의 문제만이 아니다. 우리 일상생활의 모든 영역에서도 결코 간과할 수 없는 문제다.

예를 들어 가정생활이나 사회생활에서 무엇이 선이고 무엇이 악인지 명확하게 합의되지 않으면 그것으로 인해 심각한 사회적 갈등이 생기게 된다. 한쪽은 옳다고 생각해서 한 행동이 다른 한쪽에겐 옳지 않다고 생각된다면 갈등이 그칠 수 없다. 이 문제를 가정에서 살펴본다면 쉽게 실감할 수 있다. 부부간, 부모와 자녀 간, 혹은 시부모와 며느리 간의 관계를 보면 선과 악에 대한 분명한 구별이 없음으로 인해 갈등이 유발되는 경우가 흔하다. 한쪽은 선이라고 생각하는 것이 다른 한쪽에서는 악으로 규정될 때, 심각한 갈등이 유발된다.

선에 대한 명확한 규정이 없는 경우 대부분 갈등을 해소하기 위해 타협점을 선택한다. 이런 경우에는 더 큰 문제가 발생한다. 이처럼 선과 악을 규정하는 문제는 매우 중요하며 신중해야 할 문제이다. 철학에서도 이 문제는 중요하게 다루는 영역이다. 문제는 철학에서 선과 악은 계시에 근거하지 않고 관찰과 사유에 의해 나온 것이었기 때문에 절대성을 부여하기 어려운 경우가 많았다.

플라톤Plato은 선과 악의 문제를 영적인 것과 물질적인 것으로 분류했다. 그는 영(靈)은 선하고 육(肉)은 악하다고 보는 이분법적 사고로 유명하다. 애석하게도 이런 사고가 교회 안에도 들어왔다. 성경의 가르침이 철학과 뒤섞여서 종교적인 것과 비(非)종교적인 것으로 이분화시키는 태도를 갖게 만들었다. 다시 말해서 종교적인 영역은 선하고 세상적인 영역은 악하다고 생각했다는 말이다. 여기서 성속 이원론이 나타나게 된다. 성속 이원론은 고행과 육체 학대, 혹은 금욕은 선한 것이라고 본다. 반대로 즐거운 것, 육체를 편하게 하는 것, 육신의 욕구를 충족하는 것은 무조건 악하다고 보았다. 그 결과 하나님께서 인간에게 선물로 주신 풍요와 안락함과 육신적 욕구도 악한 것으로 이해하게 되었다.

플라톤 이전에 프로타고라스Protagoras 같은 사람은 선과 악을 주관적인 것으로 이해했다. 그는 각 개개인이 만물의 척도라 보고 선과 악의 기준을 각 개인이 규정한다고 주장했다. 이렇게 객관화되지 않는 선과 악의 관점은 사회를 서로 옳다고 주장하는 혼란에 빠뜨리는 원인을 제공했다.

실제로 프로타고라스의 이런 관점은 지금도 사람들에게 악영향을 끼치고 있다. 상당수의 사람들은 옳고 그름, 선과 악을 주관적인 것이라 생각한다. 내가 악이라고 생각하는 것을 남에게 악이라고 규정하지 말라고 주장한다. 내가 싫은 것을 타인이 싫어해야 할 이유가 어디에 있느냐는 것이다. 서로가 이 문제를 가지고 가정과 직장과 사회에서 갈등한다. 그러나 이런 주장은 궤변이다. 개인이 좋아하고 싫어하는 취향의 문제는 선과 악이라는 절대적인 문제가 아니다. 좋아하고 싫어하는 취향의 문제를 절대적 옳고 그름의 문제와 혼돈하면 곤란하다.

선과 악의 문제를 생각하면서 우리는 이제 좀 더 본질적인 문제에 관심을 둬야 할 것이다. 그것은 선과 악의 기원 문제다. 물론 선의 기원은 하나님이다. 이 점은 고민할 여지가 없다. 그런데 문제는 악의 기원이다. 악은 하나님의 속성에 위배되기 때문에 하나님으로부터 나올 수 없다. 그렇다면 하나님께서 창조하지도 않은 악은 과연 어디에서 나올 수 있는지 고민하게 된다.

이런 고민에 대한 대답으로 신학과 철학을 조합하여 플로티누스^{Plotinus}가 신플라톤주의라는 철학으로 답변을 내놓았다. 그는 필론^{Philön}의 신비주의와 플라톤의 이원론을 조합하여 절대 선이신 신(神)으로부터 정신(Nus/누우스)이 나오고, 그 정신에서 영혼이 나오고, 영혼에서 물질이 나왔다고 주장했다. 그리고 영혼이 물질에 치우치는 것을 악이라고 했다. 그리고 반대로 영혼이 정신에 치우치는 것이 선이라 보았다. 그런데 이렇게 되면서 선과 악의 경계가 모호해지게 되었다. 왜냐하면 결국 악도 절대 선이라고 하는 신으로부터 나온 것이 되기 때문이다. 악이 선에서 나왔다면 악은 선이 나타나는 또 다른 방식일 뿐이라는 논리가 가능하다. 그러면 성경은 선과 악을 어떻게 규정하고 있는가? 성경은 하나님만이 선하시며 하나님을 선(善) 자체로 규정하고 있다.

> "예수께서 이르시되 네가 어찌하여 나를 선하다 일컫느냐 하나님 한 분 외에는 선한 이가 없느니라"(막 10:18)

여기서 중요한 사실은 하나님께서 선과 악을 규정하셨기 때문에 선과 악이 구별된 것이 아니라는 점이다. 하나님께서 선 자체라는 사실은 하나님이 기준이 되어서 하나님의 뜻에 부합하지 않으면 악이라는 의미다. 그러므로 바울은 "믿음으로 좇아 하지 아니하는 모든 것이 죄니라"(롬 14:23)고 했다. 이것을 명문화한 것이 율법이다. 율법이란 단순히 '하라'와 '하지 말라'의 문제가 아니다. 하나님께서 기뻐하시는 것과 기뻐하지 않는 것, 하나님의 뜻과 부합하는 것과 부합하지 않는 것이라고 이해하는 것이 더 적절하다.

하나님이 보시기에 좋은 것이 선이고 하나님이 보시기에 나쁘면 악이다. 태초에 하나님은 천지를 창조하시고 모든 것에 대하여 "보시기에 좋았더라"(창 1:4, 10, 12, 18, 21, 25)고 선언하셨다. 이 선언은 하나님께서 창조하신 피조물들이 다 선하게 창조되었다는 뜻이다. 이 말은 선과 악이 윤리도덕의 문제 이전에 하나님의 속성에 부합하느냐의 문제라는 사실을 보여 준다.

그런데 인간이 타락하면서 선과 악의 기준이 하나님에게서 사람에게로 옮겨간다. 아담과 하와는 하나님께서 보시기에 좋지 않은 최초의 피조물이 되었다. 아담과 하와는 하나님께서 금하신 선악을 알게 하는 나무의 실과를 따 먹었다. 이는 윤리의 문제 이전에 하나님께서 보시기에 아름답지 못한 것을 인간이 추구했다는 것이다. 다른 말로 하나님의 뜻에 부합하지 않은 일을 했다는 말이다. 태초의 인류는 하나님의 존재 방식에 합치하지 않는 행동을 하게 된 것이다. 이것이 악이다.

그런데 선악의 문제는 여기서 끝나지 않는다. 더 심각한 문제는 아담과 하와가 선악의 기준을 이제 하나님에게서 찾지 않고 자기를 기준으로 찾게 되었다는 점이다.

"여호와 하나님이 이르시되 보라 이 사람이 선악을 아는 일에 우리 중 하나 같이 되었으니" (창 3:22)

아담과 하와의 범죄 이후에 선악은 자기의 감정과 자기의 생각과 자기의 습관에 의하여 규정되었다. 자기가 만족하면 선이고, 자기가 만족하지 않으면 악한 것이 되었다. 이것은 종교적인 영역에서도 그대로 나타난다. 신앙이란 하나님을 기쁘시게 하는 것임에도 불구하고 자기가 만족하고, 자기가 기쁘면 그것이 선한 것이라고 생각한다.

예배하고 기도하고 이웃에게 사랑을 베푼다고 하지만, 그 모든 것이 하나님을 만족시키는 것으로 이해되지 않는다. 자기만족과 자기 열심을 가지고 종교생활을 하면 그것이 선한 것이라고 생각한다. 이런 태도가 철학에서 그대로 나타난다. 앞에 언급한 것처럼 프로타고라스는 선과 악의 기준을 개개인(개별자)이 규정한다고 생각했다. 헤겔Hegel도 선과 악은 상대적이라 생각했다. 프랑스 철학자 미셸 푸코Michael Foucault는 선과 악이 시대와 지역에 따라서 다른 것이라 생각했다. 이런 식의 사고가 나오게 된 것은 선과 악의 기준을 사람이 규정하는 것이라 생각하게 된 타락의 결과다.

철학자들이 생각하는 선과 악의 문제는 이 정도만 살펴보고 다시 하던 이야기로 돌아가자. 선과 악의 문제가 하나님을 기준으로 하고 있다면 악은 창조된 것이 아니다. 하나님의 뜻이나 속성에 벗어난 것들이라는 사실을 알 수 있다. 그런데 사람들이 이러한 악의 속성을 염두에 두지 않고 악의 기원을 하나님께 돌리려 한다. 하나님이 창조하지 않으셨으면 어떻게 악이 존재할 수 있겠느냐고 한다.

어찌 보면 이런 질문은 매우 타당하다. 왜냐하면 이 세상에 존재하는 모든 것은 하나님의 창조 없이는 존재할 수 없기 때문이다. 그렇다면 악도 하나님의 피조물로 보는 것이 적절해 보인다. 그러나 신학적 통찰력으로 대답한다면 악의 본질은 존재하는 것이 아니다. 따라서 악은 하나님으로부터 나온 것이 아니다. 악도 하나님의 창조물이란 생각은 결국 신플라톤주의(플루티누스)의 발상일 뿐이다.

그렇다면 우리는 존재하지도 않는 것을 어떻게 인식할 수 있는지 질문을 던지게 된다.

이 질문에 대한 대답은 의외로 간단하다. 악이란 선하지 않음을 의미하기 때문이다. 악이란 선의 반대 개념이 아니다. 악은 독립적으로 존재하는 개념이 아니다. 선에서 벗어난 모든 것을 뜻하는 상대적 개념이다. 선에서 떠난 것이 악이며, 이 악을 추구하는 것이 바로 죄가 된다. 따라서 죄에 해당하는 헬라어 '하마르티아'(ἁμαρτία)는 과녁에서 벗어난 것을 뜻한다. 과녁에서 벗어난 것이 죄고, 이것이 바로 악의 속성이다.

빛과 어둠의 관계를 생각하면 이해에 도움이 된다. 빛은 분명히 존재한다. 그런데 그림자는 존재하는 것이 아니다. 그림자는 빛이 비치지 않는 영역을 지칭하는 용어일 뿐이다. 그림자란 단지 빛이 존재하지 않는 영역을 인식하도록 돕는 용어일 뿐이다. 존재하기 때문에 인식하는 것이 아니라, 존재하지 않는 영역이라는 차원에서 인식하는 것이다. 따라서 어둠이란 존재의 개념이 아니라 존재가 없음을 의미하는 개념이다. 이런 관점으로 악을 생각해 보라. 악이란 단순히 선하지 않은 것이 아니다. 선의 기준에 미치지 못한 모든 것들이다. 하나님의 기준으로 볼 때 나름대로 선한 것은 의미가 없다. 하나님 보시기에 좋은 것, 하나님의 뜻에 합한 것만 선하다.

반대로 악이란 하나님이 보시기 좋지 못한 상태이고, 하나님의 통치를 벗어난 반역의 의미다. 뿐만 아니라 악은 생명의 근원 되신 하나님을 떠난 상태이므로 죽음의 의미도 가진다. 악에 대한 가장 중요한 개념은 존재 없음을 의미한다는 점이다. 그러므로 악이 동반하는 결과는 파괴와 혼돈과 존재가 사라지게 하는 것이다.

악한 자들이 새로운 시대를 건설하고, 어둠이 지배하는 세상을 만들 수 있다고 한다. 그러나 사실은 악이 할 수 있는 영역이 아니다. 악이란 스스로 존재를 소멸하게 하는 것일 뿐이다. 그러므로 악이 가득하면 하나님께서 창조하신 모든 것들이 점차 사라진다. 악이 들어오면 한 개인의 생명으로부터 시작해서 가정, 교회, 사회, 국가가 사라진다.

악은 생명을 빼앗는 살인과 자살을 동반한다. 악이 들어오면 모든 존재하던 것들이 점차 사라진다. 이것이 바로 악의 본질이다. 그러나 선이 들어오면 죽어 가던 생명이 되살아난다. 파괴된 가정이 회복되고, 죽은 영혼이 살아나고, 병자가 건강해지고, 사회와 국가가 번영한다. 정체성이 회복되고 혼란이 정돈되며 질서와 기쁨으로 가득하게 된다. 어둠이 떠나고 밝게 된다. 그래서 성경은 악의 결과인 죄가 가져다주는 삯을 '사망'이라고 가르친다(롬 6:23).

히브리서 2장 14절의 말씀처럼 마귀는 "사망으로 말미암아 사망의 세력을 잡은 자"이다. 따라서 그리스도께서 이 세상에 오신 이유는 이렇게 악을 통해 사망으로 사람들을 파괴하는 마귀의 일을 멸하기 위해 오신 것이다.

"하나님의 아들이 나타나신 것은 마귀의 일을 멸하려 하심이니라"
(요일 3:8).

성경은 선과 악의 관계를 존재와 존재 없음, 생명과 사망, 빛과 어둠이라는 일관성 있는 구도로 가르친다.

사도 바울은 "육신의 생각은 사망이요 영의 생각은 생명과 평안이니라"(롬 8:6)라고 말한다. 물론 여기서 문맥상 "육신"이란 물질을 말하는 것이 아니다. 하나님의 뜻에서 벗어난 '악'을 지칭한다. "영"이란 단어도 비물질적인 것이 아닌 '선'을 뜻한다.

그러므로 바울은 성도를 "빛의 자녀"라고 언급하고, 세상 사람들을 "어둠의 자녀"라고 규정한다.

"너희가 전에는 어둠이더니 이제는 주 안에서 빛이라 빛의 자녀들처럼 행하라" (엡 5:8)

그러므로 구원받은 성도들이 어둠의 자녀처럼 살아간다는 것은 불가능하다. 빛의 자녀로 부름 받은 성도는 그의 삶 속에서 어둠과 파괴와 죽음을 불러오는 존재로 살 수 없다. 그리스도 안에 있으면 새로운 창조가 일어나는 것이 마땅하다. 그냥 창조가 아니다. 하나님께서 보시기에 좋은 창조가 일어나야 한다.

"만일 누구든지 그리스도 안에 있으면 그는 새로운 창조라, 옛 것은 가고, 새 것이 왔도다" (고후 5:17)

"If anyone is in Christ, he is a new creation; the old has gone, the new has come!"

빛의 자녀는 옛적 삶을 청산하고 생명과 평안과 빛과 존재의 가득함을 동반하는 것이 정당하다. 선과 악은 이렇게 하나님의 존재 방식과 뜻과 속성 안에서 규정되어야 한다. 하나님의 뜻과 하나님의 거룩하신 속성을 염두에 두지 않은 선과 악의 개념은 아무런 의미가 없다. 성경의 관점에서 볼 때, 선과 악은 윤리적 근거를 위해서 존재하는 것이 아니다. 또 율법을 지키느냐, 지키지 않느냐의 문제도 아니다.

하나님을 존중하고 하나님의 뜻을 찾으며, 하나님의 영광에 참여하려는 태도가 선이요, 그렇지 않다면 악으로 보아야 한다. 선이 이렇게 규정될 때, 성도는 생명과 빛과 창조와 회복이 충만한 존재임을 보게 된다.

☞ 선과 악의 정의

선이란 하나님의 뜻과 속성에 온전히 부합하는 것이고, 악은 하나님의 뜻과 속성에서 벗어나는 모든 것이다.

분별은 개념이다

07

질서와 평등

07
질서와 평등

　오늘날 우리가 사는 시대는 질서와 평등이라는 용어의 정의로 인해 심한 몸살을 앓고 있다. 질서를 주장하면 평등이 울고, 평등을 주장하면 질서가 운다. 사람 사는 세상에서 어느 한쪽도 포기할 수 없는 이 둘의 관계를 우리는 마르크스Marx의 표현처럼 모순과 대립의 관계로 보아야 타당한지 고민하지 않을 수 없다. 오늘날 이 사회는 점점 평등과 계급 타파를 외치는 목소리가 힘을 얻고 있다. 세상은 우열이 없고 모두가 평등한 사회가 되어야 유토피아(Utopia)가 건설된다고 생각한다. 오늘날 기독교는 사회 전체에 팽배해져 있는 이러한 사상을 어떤 관점으로 바라보아야 할지 진지하게 고민하며, 성경적인 답변을 세상에 내놓아야 할 책임이 있다.

　놀랍게도 성경은 이 문제에 대하여 분명하고 명쾌한 답을 가르치고 있다. 성경은 이 문제에 대하여 결코 모호한 입장을 고수하지 않는다. 도리어 매우 일관적인 태도를 견지하고 있다. 그래서 성경은 어느 시대나 세상과 항상 충돌하는 입장에 서 있었다.

그러면 성경적 관점에서 그리스도인들은 이 문제를 어떻게 바라보아야 할 것인가?

먼저 우리는 이 문제와 관련하여 하나님의 존재 방식이 '질서'라는 점을 염두에 두어야 한다. 성경은 하나님의 존재 방식이 질서라고 가르친다(고전 14:33,40). 하나님의 존재 방식이 질서라는 말은 세상이 존재하는 원리도 질서 위에 있다는 뜻이다. 왜냐하면 질서의 하나님께서 자신의 존재 방식대로 세상을 창조하셨기 때문이다. 그렇다면 그 질서가 어떤 관점으로 이해되어야 할 것인지 성경에서 찾아야 한다. 그리고 우리는 성경에서 평등이 어떤 식으로 이해되어야 할지도 생각해 보아야 한다.

거두절미하고 우리는 무엇보다 하나님께서 인간을 하나님의 형상으로 창조하시되 남자와 여자로 창조하셨다(창 1:27)는 창세기의 계시를 먼저 염두에 두며 이 문제를 서서히 풀어 가야 할 것이다.

하나님께서 창조하신 인간은 남자와 여자라는 집합으로 '하나님의 형상'이 되도록 창조하셨다. 이 말씀은 남자만 하나님의 형상이라거나, 여자만 하나님의 형상이라는 말이 아니다. 하나님은 분명히 남자와 여자의 어떤 관계 방식을 자신의 형상을 드러내도록 의도하셨다는 말이다. 물론 우리 인간은 남자와 여자 개인의 독립적인 존재 방식을 통해서도 하나님의 형상을 드러내는 것이 분명하다. 그럼에도 불구하고 우리는 성경이 하나님의 형상을 남자와 여자라는 집합적 관계로 언급하고 있다는 점에 우리의 관심을 기울여야 할 필요가 있다.

> "하나님이 자기 형상 곧 하나님의 형상대로 사람을 창조하시되 남자와 여자
> 를 창조하시고" (창 1:27)

여기서 하나님은 남자와 여자의 '관계'를 통해서 하나님의 삼위일체의 영
광을 드러내시기 원하셨다. 삼위 하나님은 하나의 본질(essence)로 존재하신
다. 이러한 존재 방식은 남자가 흙으로 창조되고 여자는 남자가 된 그 흙의
본질(essence)로부터 창조되어 둘이 한 몸을 이루도록 하셨다는 점에서 하나
님의 삼위일체와 일종의 유사성을 보게 된다. 물론 분명히 말하지만, 이 관
점이 하나님의 신비한 삼위일체를 완전히 설명할 수 있는 것은 아니다. 웨
인 그루뎀도 이런 주장에 다음과 같은 말로 동의한다.

> 하나님께서 단 한 사람을 지으신 것이 아니라 두 독립된 사람을 남자와 여자로
> 지으신 사실은 삼위일체에 있어서의 위격의 다원성을 보여 준다는 의미에서도
> 하나님의 형상을 나타낸다.[14]

계속해서 웨인 그루뎀은 다음과 같은 말을 첨언한다.

> 아담과 하와는 둘이 하나가 되는 반면, 하나님은 삼위가 하나가 된다는 사실은
> 하나님의 하나됨이 우리의 하나됨보다 훨씬 더 위대하며 훌륭함을 상기시킨

---

14) 웨인 그루뎀, 『조직신학(상)』, 노진준 역 (은성, 2009), 687.

다. 정확하게 일치하는 것은 아니지만 남편과 아내, 그리고 자녀들 사이에서의 가족의 하나됨은 삼위 안에서의 하나됨의 다양성을 어느 정도 반영한다.[15]

그러면 이렇게 남자와 여자를 '하나의 본질에서' 둘로 창조하시고, 이 둘이 결혼하여 한 몸을 이루게 하신 오묘한 창조 방식이 어떻게 하나님의 영광을 드러낼 수 있는지 우리의 삶 속에서 이해하는 것은 매우 어려운 문제다. 이것은 모든 시대의 인류가 진지하게 던져야 했던 어려운 질문이었다. 물론 인간이 타락만 하지 않았다면 이것은 결코 어려운 문제가 되지 않았을 것이다. 그러나 인간의 타락은 하나의 본질에서 창조된 둘임에도 불구하고 결코 하나님의 영광을 드러낼 수 없게 되었다.

"이러한즉 이제 둘이 아니요 한 몸이니 그러므로 하나님이 짝지어 주신 것을 사람이 나누지 못할지니라 하시니" (마19:6)

주님의 이러한 엄위하신 명령에도 불구하고 오늘날 한 몸 된 부부가 둘로 나눠지는 비극이 지속적으로 발생하는 데는 바로 질서와 평등에 대한 이해 문제 때문이다. 그러면 하나님은 남자와 여자로 창조된 인간이 어떤 식으로 한 몸(일체)을 이루길 바라시는 것일까? 그 해답은 바로 앞에서 언급한 것처럼 거룩하신 성삼위 하나님의 존재 방식에서 찾아야 한다. 왜냐하면 인간의 오리지널 모델이 바로 거룩하신 삼위 하나님이시기 때문이다. 거룩하신 삼위 하나님은 질서적인 관점에서 각각 성부와 성자와 성령으로 존재하

---

15) Ibid., 688.

신다. 이 존재 방식을 신학적인 용어로 1위와 2위와 3위라 한다. 물론 여기서 '위'라는 한자는 '위치 위'(位)를 사용하지만, 영어로는 'person'(인격)이다. 그래서 영어로 삼위일체(三位一體)는 'Three person one essence'로 표현된다.

즉 삼위 하나님은 "세 인격에 하나의 본질"로 존재하신다는 것이다. 그런데 이러한 세 인격, 혹은 3위 하나님은 인류를 구원하시는 방식(경륜적 삼위일체)에서 본다면 철저히 상하의 관계처럼 보인다. 성부는 구원을 작정하시고, 성자는 성부께서 작정하신 구원을 완성하신다. 그리고 성령은 성부께서 작정하시고, 성자께서 완성하신 구원을 신자 각 사람에게 적용하신다.

거룩하신 삼위 하나님의 모습은 또 다른 방식으로도 나타난다. 성자 하나님(예수)은 오롯이 성부 하나님의 영광만을 드러내심으로 자기를 본 자는 아버지를 본 것과 같도록 한다. 뿐만 아니라 성령도 "그가 스스로 말하지 않고 오직 들은 것을 말한다"(요 16:13)고 한다. 이 말씀은 성령님도 철저히 자신을 감추고 오롯이 성자의 영광만을 나타낸다(14절)는 뜻이다.

이렇게 보면 성령은 오롯이 성자의 영광만을, 성자도 오롯이 성부 하나님의 영광만을 드러내신다. 뿐만 아니라 성자는 아버지 하나님의 명령에 죽기까지 복종하셨다. 이렇게 거룩하신 성부와 성자와 성령 하나님은 권세와 영광과 능력이 동등하심에도 불구하고 이 질서에 자신을 맞추셨다.

"자기를 낮추시고 죽기까지 복종하셨으니 곧 십자가의 죽으심이라" (빌 2:8)

우리 관점에서 본다면 거룩하신 삼위 하나님의 관계는 철저한 명령과 복종의 수직적 관계로 보인다. 성령 하나님도 분명히 하나의 인격(person)이시지만 결코 자기를 드러내지 않으시고 오롯이 성자만 드러내시며, 성자도 오롯이 성부만을 나타내신다.

> "내가 아버지께로서 너희에게 보낼 보혜사 곧 아버지께로서 나오시는 진리의 성령이 오실 때에 그가 나를 증거하실 것이요" (요 15:26)

이렇게 함으로써 삼위 하나님은 철저히 수직적 관계로서 질서를 지키신다. 오늘날 이 시대의 트렌드에서 볼 때, 결코 납득할 수 없다. 그런데 놀라운 점은 이런 위계질서 가운데 계신 하나님은 놀라울 정도로 '평등'하시다. 이 평등은 우리가 흔히 이해하는 것처럼 위계질서나 역할을 파괴하는 평등이 아니다. 오늘날 우리가 흔히 생각하는 것처럼 남자가 여자의 일을 해야 하고, 여자가 남자의 일도 할 수 있어야 한다는 식의 역할 파괴적 평등이 아니다. 서로의 역할에 충실하기 위해 철저히 희생하면서, 그 가운데 서로 존중하고 월권(越權) 하지 않으며, 서로 뜨겁게 사랑하면서 완전히 하나의 일체(본질)를 이루시는 평등이다. 그래서 삼위 하나님은 세 위격으로 계시지만 그럼에도 불구하고 영광과 권세와 능력이 동등하시다고 한다. 삼위는 한 하나님이시며, 본질은 같으시고, 권능과 영광은 동등하시다.

앞에서 언급한 경륜적 삼위일체를 우리의 타락한 관점에서만 본다면 삼위 하나님 가운데 성부 하나님만 영광을 독점하는 것처럼 보인다. 반면 성자와 성령은 철저히 손해 보는 불평등 관계로 보인다. 과정으로만 본다면 삼위 하나님의 관계는 불평등 관계로 보인다. 그러나 결과적으로 보면 이러한 삼위 하나님의 상호 관계는 결국 하나의 본질에 초점을 맞춤으로써 모두 같이 영광과 능력과 권세를 공유하는 일체를 이룬다. 아무도 손해를 보는 것이 아니다. 이것이 바로 질서와 평등의 관계를 통해 드러나는 하나님의 영광이다.

하나님은 인간을 이렇게 창조하셨다. 하나님은 남자와 여자를 하나의 본질로 창조하셨다. 그리고 남자를 여자의 머리가 되도록 하시고, 여자는 남자의 몸이 되도록 하셨다. 그리하여 두 인격(two persons) 간에 질서적인 관계를 맺도록 하셨다. 이 관계 속에는 엄연히 역할의 차이가 존재하고, 기능의 차이가 존재하며, 상하의 관계가 존재한다. 막시즘에 영향받은 페미니스트들이나 문화 막시스트들은 이 부분을 매우 불쾌하게 여긴다. 그리고 이런 관계를 조화가 아닌 계급의 관계로 규정한다.

성경의 이런 가르침은 막시즘이나 페미니즘적 고정관념을 가진 사람들이 볼 때, 결코 용납할 수 없다. 어떤 신학자는 이런 성경의 본문을 사본학적으로 불안정하다고 공격하기까지 한다. 이런 태도는 납득하기 어려운 말씀 가운데 하나님의 신비를 찾으려는 태도가 아니라, 자기 이성과 철학에 납득되지 않으면 교묘히 진리를 부정하는 교만한 태도일 뿐이다.

물론 이러한 성경의 가르침이 오늘날 이 시대의 여성들에게 불편한 감정을 느끼도록 할 것이라는 점은 어느 정도 납득한다. 또 이런 가르침은 영광을 남자들이 독점하는 구태적인 가르침이라고 보일 수밖에 없다. 그러나 이렇게 보이는 것은 단지 철학적 착시일 뿐이다. 왜냐하면 이러한 성경의 가르침은 남자와 여자를 불평등하게 살도록 창조하셨다는 의미가 아니기 때문이다. 또 영광을 남자만 독점하게 하셨다는 말도 아니다.

이런 성경의 명령은 사실 성자와 성령님이 하셨던 하나님께만 영광을 돌리는 일의 연속선상에 있다. 다시 말해서 남자가 영광을 독점하려는 것이 아니라, 남자와 여자의 질서적인 존재 방식을 통해 최종적으로 하나님의 영광을 드러내려는 데 있다는 말이다. 그리고 이것이 하나님께서 인간(남자와 여자)을 통해 하나님의 형상을 드러내려는 의도였다. 그러나 많은 사람들이 이렇게 하나님이 정하신 상하(上下)의 관계를 불평등의 문제로 해석하고 인식한다. 이런 인식의 근저에는 인간이 하나님의 형상을 미워하고 자기의 영광만을 위해서 살려는 타락한 본성이 작용하는 것이다. 이 본성의 작용 때문에 사람들은 '질서'를 '상하 관계'로 이해하게 되었다.

그러면 사람들이 하나님께서 세우신 질서를 상하(上下)의 관계로 인식하게 된 데는 어떤 원인이 있는지 살펴보자.

첫째는 질서의 문제를 세상 철학자들의 관점으로 해석하기 때문이다. 철학이라는 관점을 내려놓고 본다면, 이 문제는 평등이냐 불평등이냐의 문제가 아니라 질서의 문제로 보게 된다. 이것이 성경의 관점이다. 그럼에도 불구하고 어렸을 때부터 인본주의 교육을 받은 현대인들은 이 문제를 질서의 문제가 아닌 평등과 불평등의 문제로 해석하는 것이 당연하게 여겨지도록 세뇌되었다. 그래서 우리는 이 문제를 결코 질서의 문제로 보지 못하는 것이다.

두 번째로 이 문제를 질서가 아닌 상하의 문제(불평등의 문제)로 해석하게 된 이유는 소위 권위를 소유한 사람이 권위 아래 있는 사람을 불평등하게 대우한 데에서 기인한다. 하나님께서 정하신 질서 자체가 문제가 아니라, 그 관계 안에서 평등을 주도해야 할 사람(남자, 가장, 직장 상사, 권력자 등)이 불평등을 조장하고 있다는 점이 문제의 단초를 제공했다는 말이다. 시스템이 문제가 아니라, 시스템을 운영하는 사람의 본성적 문제라는 말이다. 이런 사실은 질서의 하위에 있는 피해자들에게 이 권위를 위임해도 동일한 문제가 발생한다는 점에서 쉽게 입증된다.

고로 여기서 권위(authority)의 문제가 대두된다. 사도 바울은 가르치기를 "각 사람은 위에 있는 권세들(authorities/권위들)에게 굴복하라 권세(authority/권위)는 하나님께로 나지 않음이 없나니 모든 권세는 다 하나님의 정하신 바라"(롬 13:1)고 한다. 따라서 남편의 권위, 부모의 권위, 교사의 권위, 세상 권세자의 권위, 직장 상사의 권위 등은 모두 하나님으로부터 온 것이 분명하다. 왜냐하면 이런 권위의 관계를 통해서 하나님은 세상을 질서 있게 움직이고 당신의 영광을 나타내시길 기뻐하시기 때문이다. 물론 여기서 불법한 권위는 논의 대상이 되지 않는다.

그런데 문제는 이 권위가 평등을 깨고 있다는 것이 문제다. 권위를 가진 존재들이 자기 권위 아래에 있는 사람들을 인격적으로 평등(한 몸처럼)하게 대해야(사랑해야) 한다. 그러나 현실은 그렇지 않다. 그래서 사람들은 권위에 대하여 혐오하고 도전한다. 그리고 권위라는 체계가 모든 불평등의 요인이라고 생각하게 되었다. 그래서 권위를 무너뜨리고 권위 없는 세상을 만들어 보려는 시도가 곳곳에서 끊이지 않는다.

그러나 권위를 무너뜨리면 사회는 해체된다. 가정이 해체되고, 직장이 해체되고, 교회가 해체되고, 국가가 해체된다. 이런 해체는 결국 자기 자신도 무너진다는 것을 의미한다. 질서가 해체된 세상에서 개인은 결코 존재가 될 수 없다. 이 말은 결국 평등도 존재할 수 없다는 뜻이다.

우리는 이런 현상을 가깝게는 주변에서, 멀게는 과거 역사 속에서 쉽게 확인할 수 있다. 혐오스러운 권위에 대항했더니 평등이 찾아온 것이 아니라 가정과 사회와 교회와 국가가 무너지는 것을 보게 된다. 직장에서 노조원들이 권위에 대항하며 평등을 외쳤더니 회사가 무너져서 결국 그 피해가 자신에게 직접 오게 되는 일을 흔히 보게 된다. 조직이 무너지면서 평등은 그 자체로 의미가 없어지고 만다. 왜냐하면 평등도 조직이 있을 때 의미가 있기 때문이다. 해체된 사회에서 평등은 존재하지 않으며, 오직 약육강식만 있을 뿐이다.

이렇게 조직의 질서를 지키면 평등이 무너지고, 평등을 지키려면 조직이

무너지는 딜레마 속에서 그럼 어떻게 하라는 것인가? 그러면 성경은 혐오
스러운 권세를 향하여 어떻게 반응하라는 것인가? 우리는 이 질문을 던지
지 않을 수 없다.

　이 질문에 대한 성경의 일차적 명령은 '복종'이다. 바울은 로마서에서 "각
사람은 위에 있는 권세들(authorities/권위들)에게 굴복하라"고 한다. 뿐만 아니
라 에베소서에서는 아내들을 향하여 "아내들이여 자기 남편에게 복종하기
를 주께 하듯 하라"(엡 5:22)고 가르친다. 아마도 이런 성경의 답변은 대부분
의 독자에겐 기대에 전혀 미치지 못하는 실망스러운 답변일 것이다. 이런
성경의 가르침은 너무 원론적이다 못해 실망스럽게 보일 것이다. 자칫 이
런 성경의 가르침은 고통받는 약자들에게 '복종'을 강요하는 가진 자와 강자
의 나팔소리처럼 보일 뿐이다. 이러한 성경의 명령은 현실을 염두에 두지
않는 구태로 가득한 그 당시의 모순적 가르침으로 보일 뿐이다. 그러나 성
경의 가르침은 여기서 그치지 않는다는 것을 기억해야 한다. 바울은 남편
들에게 다음과 같이 명령한다.

　"이와 같이 남편들도 자기 아내 사랑하기를 제 몸같이 할지니 자기 아내를 사
　랑하는 자는 자기를 사랑하는 것이라" (엡 5:28)

　이 명령은 소위 하나님으로부터 권위를 부여받은 자들에게 요구되는 의
무이다. 즉 권위를 부여받은 남자는 아내를 자기의 몸(자기의 본질)처럼 사랑
함으로써 평등의 관계를 유지하라는 것이다. '자기 몸'처럼 사랑하는 것보

다 평등한 관계가 과연 어디에 있겠는가? 결코 없다. 따라서 성경의 이러한 가르침 속에서 아주 특이한 관점을 발견하게 된다. '평등은 권위를 부여받은 사람이 사랑함으로써 세워지고, 질서는 권위 아래 있는 사람의 순종으로 세워진다는 것'이다.

모두 갑(甲)이 되는 것이 평등이 아니다. 모든 사람이 갑이 된다는 목표는 을(乙)이 있을 때 비로소 가능하게 되는 상대적 개념이다. 을이 존재하기 때문에 갑의 존재를 말할 수 있다. 소위 모두가 갑이 될 수 있는 것처럼 말하는 주장은 모순적이고 비현실적인 선동에 불과하다.

"만일 온 몸이 눈이면 듣는 곳은 어디며, 온 몸이 듣는 곳이면 냄새 맡는 곳은 어디냐"(고전 12:17)

예를 든다면 부모가 자녀를 자기의 몸(본질)으로 사랑함으로 평등이 세워지고, 자녀들이 부모를 공경함으로써 가정의 질서가 세워진다. 회사의 사장이 회사원들을 자기 몸(본질)처럼 사랑함으로써 평등이 세워지고, 회사원들은 사장에게 복종함으로 질서가 세워진다. 이런 원리는 교회나 국가에서도 그대로 적용된다.

그런데 이런 사랑과 복종의 원리는 억지로 되지 않는다. 자발적이어야 가능하다. 강요를 해서 될 문제가 아니다. 모두가 하나님의 영광이라는 하나의 본질을 바라볼 때 가능하다. 놀라운 사실은 이 원리를 그대로 보여 주고 계신 분이 바로 거룩하신 삼위 하나님이시다. 성삼위 하나님은 그 권위를 결코 침탈하지 않으시면서 서로를 자발적으로 사랑하시고 복종하신다. 이런 관계가 가능한 것은 하나님의 영광이라는 본질을 드러내기 위한 열망 때문이다. 이렇게 하심으로써 영광과 권세와 능력을 동등하게 누리신다. 이것이 하나님께서 인간을 당신의 형상대로 창조하신 의도가 나타난다. 사도 바울이 "너희가 먹든지 마시든지 무엇을 하든지 다 하나님의 영광을 위하여 하라"(고전 10:31)고 한 가르친 이유가 바로 여기에 있다.

오늘날 가정이나 교회나 사회나 국가가 이런 태도를 견지한다면 어떤 결과가 나오겠는가? 가정이나 교회나 사회나 국가에서 권위를 부여받은 사람이 권위 아래에 있는 사람들을 나 자신(본질)처럼 사랑하며 아끼고, 또 하나님의 영광을 위해 권위 아래에 있는 사람들이 권위자들에게 죽기까지 복종한다면 그들은 모두 공동체의 영광과 존귀와 권세와 능력을 동등하게 누리게 될 것이다. 그리고 이 모든 것은 하나님의 영광에 초점이 맞춰져야 한다.

가정은 그 영광을 동등하게 누리게 되고, 교회도 그렇게 되며, 회사와 국가도 그렇게 될 것이다. 그런데 이런 일이 가능하려면 우리의 타락한 본성이 바뀌어야 한다. 그렇지 않으면 권위자들이나 권위 아래 있는 사람들은 그 영광과 권세와 존귀와 능력을 독점하려 한다. 오늘날 질서의 관계를 계급의 관계로 바라보는 사람들도 결국은 권세와 영광과 존귀를 자신들이 독점하려는 욕심이 그 이면에 작용하고 있는 것이다.

오늘날 가정의 붕괴, 노사 분규, 교회의 타락의 문제를 해결하는 길은 바로 여기에 있다. 회사 사장이 사원들을 내 몸처럼 사랑하고, 회사원들이 사장의 명령을 죽기까지 복종한다면 그 회사의 영광과 존귀와 권세는 같이 누리게 될 것이다. 그런데 문제는 노사가 서로 이 모든 것을 독점하려 한다는 것이 문제다. 그래서 결국은 회사가 무너지고 회사원들도 실업자가 되고 만다. 거위의 알을 한 번에 독점하려는 욕심 때문에 거위를 죽이는 것처럼 말이다.

그러면 현실적으로 이 문제를 어떻게 해결할 수 있겠는가?

대답은 의외로 간단하다. 하나님이 하시면 된다. 사람은 할 수 없지만 하나님은 할 수 있다. 이 일이 가능하도록 하기 위해 복음을 전해야 한다. 복음은 이 놀라운 일을 가능하게 한다. 복음은 죄인들로 하여금 자기 정과 육을 십자가에 못 박게 하고, 더 이상 자기를 위해 살지 않고 하나님과 이웃을 위해 살도록 한다. 이 모든 것은 삼위 하나님의 사역으로 가능하게 된다. 역사 속에서 이 끔찍한 딜레마가 복음으로 극복된 사례는 비일비재하다.

사람들이 십자가의 복음 안에 들어오면 권위자들이 권위 아래에 있는 사람들을 사랑하게 된다. 그리고 권위 아래 있는 사람들은 힘들고 어렵더라도 권위에 대하여 복종하게 된다. 이런 모습은 오늘날 복음이 먼저 들어가서 선진국이 된 나라들에서 흔히 발견되는 부분이다. 그러나 오늘날 상당수 선진국들은 복음이 변질되면서 이런 모습이 점점 희미해져 가지만 여전히 그 모습을 어느 정도 유지하고 있다. 어찌 되었든 분명한 사실은 권위를 부여받은 사람이나 권위 아래 있는 사람들 모두가 그리스도의 십자가를 깨닫고 자기를 부인하고 십자가를 지게 되면, 이 놀라운 일이 가능해진다는 것이다. 타락한 인간의 본성으로는 이 오묘한 진리가 머리로 납득될 수는 없다. 그러나 하나님이 하시면 비로소 납득되고 현실이 된다. 다시 말하지만 이 모든 것은 사람의 힘으로는 할 수 없고, 오직 하나님의 능력으로만 가능하다.

바로 이 때문에 질서와 평등이 무너진 이 시대의 유일한 소망은 복음을 증거하는 교회에게 있다. 교회만이 질서와 평등의 딜레마를 해결할 수 있다. 교회만이 하나님의 영광을 드러낼 수 있고, 천국이 부분적으로나마 지상에 임재하도록 할 수 있다. 이 놀라운 영광이 기독교인의 가정들부터 회복되어야 한다. 그리고 교회에 확산되어야 한다. 그러면 교회는 세상의 존경을 받고, 세상에 영향을 끼치게 될 것이다. 이 영향이 결국은 사회와 국가로 확산되어 현실의 딜레마를 근본적으로 해결하게 될 것이다.

> ☞ **질서와 평등의 정의**
>
> 질서란 하나님께서 정해 주신 상하관계를 존중하는 것이며, 평등은 질서 관계 안에서 윗사람이 아랫사람을 내 몸처럼 사랑하는 것이다.

분별은　개념이다

08

자유와 자율

08
자유와 자율

　"진리를 알지니 진리가 너희를 자유케 하리라"(요 8:32)는 예수님의 선언은 예수님을 믿는 사람들뿐 아니라 예수님을 모르는 사람들에게도 잘 알려진 위대한 선언이다. 이 말씀은 복음을 한 구절로 완벽하게 요약한 핵심적인 구절이라 할 수 있다. 그러나 아이러니하게도 이 위대한 선언은 오늘날 불신자들이 기독교를 비난하는 주된 요인으로 작용하고 있다. 어찌하여 이 위대한 선언이 사람들로부터 이런 억울한 천대를 받는 것일까?

　그 이유는 상당수 그리스도인들이 예수님께서 선언하신 '자유'를 '자율'과 혼돈하여 이해하고 있기 때문이다. 그 결과 예수님께서 선언하신 자유를 도덕적 방종을 의미한다고 생각한다. 다시 말해서 한 번 구원받은 사람들은 믿음으로 의롭게 되었기 때문에 아무리 율법에서 벗어난 삶을 산다고 해도 결코 지옥에 가지 않는다고 생각한다는 것이다. 흥미롭게도 예수님께서 선언하신 이 자유에 대한 용어는 초기 기독교 때부터 계속적으로 오해를 받았다. 그리고 이 오해는 지금 한국교회 안에서도 동일하게 벌어지고 있다.

예수님은 "자유"(自由)를 선언하셨지만, 이 자유를 "자율"(自律)로 오해하는 사람들이 많다. 어찌 보면 이런 표현상의 문제를 다루는 것이 지나친 과민으로 여겨질 사람이 있을지 모르겠다. 그러나 이 두 용어는 비슷해 보이지만 실제로는 완전히 다른 의미를 가지고 있다. 그럼에도 불구하고 우리는 이 두 용어를 거의 개념의 구분 없이 사용하곤 한다. 우리가 이 두 용어에 대한 이해를 명확하게 한다면 예수님의 위대한 선언에 대한 오해가 사라질 것이며, 아울러 율법과 복음에 대한 이해는 더욱 명확해질 것이다.

그러면 우리는 성경이 가르치는 '자유'와 오늘날 상당수의 교회들이 오해하는 '자율'을 어떻게 이해를 해야 할지 생각해 보자. 이 유사해 보이는 두 용어를 정확하게 이해하려면 우리는 창세기의 아담과 하와의 타락 사건에서 시작하는 것이 적절하다.

태초에 하나님은 천지 만물을 창조하셨다. 하나님은 에덴동산을 창설하시고 그곳에 아담과 하와를 살도록 하셨다. 그리고 그들에게 오늘날 신학적으로 소위 '행위 언약'이라 부르는 언약을 맺으셨다. 그 언약의 내용이 창세기 2장 16-17절의 말씀이다.

"여호와 하나님이 그 사람에게 명하여 이르시되 동산 각종 나무의 열매는 네가 임의로 먹되 선악을 알게 하는 나무의 열매는 먹지 말라 네가 먹는 날에는 반드시 죽으리라 하시니라" (창 2:16-17)

이 행위 언약 안에서 하나님은 아담에게 '자유'를 선택할 것인지, '자율'을 선택할 것인지 물으셨다.

그러면 여기서 '자유'의 개념이 어떻게 나타나는지 보자.

여기서 하나님은 아담에게 "동산 각종 나무의 열매는 네가 임의로(마음대로) 먹되"라며 허락하셨다. 하나님께서는 아담에게 (후에 언급하겠지만) 선악을 알게 하는 나무의 실과를 제외한 동산의 모든 열매를 다 먹을 수 있도록 '자유'를 주셨다. 그러나 이 자유는 "선악을 알게 하는 나무의 열매는 먹지 말라"는 제한적 자유였다. 여기서 알 수 있는 것처럼 자유란 '제한적 범주 안에서' 허용되는 것을 말한다. 허용이 월등하게 많고 제한은 최소화된다.

그러나 마귀는 아담과 하와로 하여금 엄청난 자유를 보지 못하도록 하고, 제한된 것만 바라보게 하면서 하나님께서 주신 자유를 억압이라 생각하게 만들었다.

선악을 알게 하는 나무의 실과 '하나'를 허용하지 않으신 하나님을 향해 마치 모든 것을 금지하신 것 같은 피해 의식을 갖도록 했다. 이것은 마치 자녀들에게 원하는 것을 다 해 주지만 인터넷 게임 하나를 허락하지 않거나, 스마트폰을 성인이 될 때까지 허용하지 않는 것을 자유에 대한 억압이라고 피해 의식을 갖도록 만드는 것과 같다. 이런 식으로 피해 의식을 갖도록 만들고 선동하는 사람들은 우리 주변에서 흔히 접할 수 있다. 노사 분규를 주도하는 사람들이나 페미니스트들의 접근 방식이 바로 그것이다. 그 결과 회사는 망하고 자신은 직업을 잃는다. 또 페미니스트들에 의해 피해 의식을 갖게 된 사람들은 사회에서 인간관계가 점점 깨지고, 가정이 깨지고, 자녀들의 인성까지 파괴되는 결과를 초래한다. 예나 지금이나 우리의 자유가 억압을 받고 있다는 피해 의식은 사탄이 항상 재미를 톡톡히 본 전형적인 수법이다.

하나님께서 인간에게 주신 자유는 무제한적 자유가 아니다. 제한된 범위 안에서의 자유이다. 선악을 알게 하는 나무의 열매를 제외한 범주 내에서 동산의 모든 실과를 자유롭게 선택해서 먹을 수 있는 자유다. 이것이 바로 성경이 가르치는 '자유'의 성격이다.

이러한 성경적 자유의 성격이 영국과 미국의 보수주의 정치관에 영향을 주어 전통적 보수주의가 탄생했다. 영미 보수주의의 중요한 핵심은 인간이 자유로운 존재지만, 그 자유는 법의 범주 안에서 제한된 자유라는 것이다.

에드먼드 버크[Edmund Burke]의 표현을 빌려서 말한다면 "법 아래의 자유, 한계가 뚜렷한 자유, 법률로 그 한계가 결정되는 자유[16]"를 말한다. 이런 자유는 얼핏 보면 상당히 엄격한 태도를 견지하는 것 같다. 그러나 미국의 자유로운 사회가 보여 주는 것처럼 그들의 자유로움은 미국인들을 제한하는 것이 아니라, 도리어 모든 사람들이 자유를 누리는 기초가 된다. 만일 법적으

16) 러셀 커크, 『보수의 정신』 이재학 역 (지식노마드, 2018), 86.

로 엄격한 규제가 없다면 사회는 방종으로 가고 이기적인 사람들이 추구하는 방종으로부터 보호받지 못하게 된다.

그러면 이제 '자율'의 개념을 살펴보자.

자율이라는 용어를 이해하려면 한자를 먼저 살펴보는 것이 유익하다. 왜냐하면 자율에 해당하는 한자는 그 개념을 너무도 잘 설명해 주고 있기 때문이다. 자율에서 '자'는 '스스로 자(自)'를, '율'은 '법 률(律)'을 사용한다. 이 두 자를 합쳐서 풀어 보면 '자기 스스로가 법이 된다'는 뜻이다. 이것이 자율의 의미이다. 따라서 자율은 법을 무시하고 자기 스스로 법이 되는 것을 말한다.

이것은 결코 간단한 문제가 아니다. 왜냐하면 법이란 단순히 삶의 규율을 의미하는 것이 아니라, 모든 존재의 근원을 의미하기 때문이다. 무엇보다 성경에서 법이란 하나님께서 당신의 존재를 드러내는 임재 방식이다.

구약성경을 보면 하나님은 이스라엘 백성들을 선택하시고 하나님 나라를 시작하기 위해 첫 번째 하신 일은 '법을 세우는 것'이었다. 하나님은 시내산에서 율법을 수여하시고, 그 다음에 그 법을 유지 보존하는 직분으로 왕, 제사장, 선지자를 세우셨다. 이 세 직분은 율법과 직결된 직분이라는 점이 중요하다. 왕은 율법을 수행하고, 선지자는 율법을 보존하며, 제사장은 깨진 율법을 다시 회복시키는 역할을 한다. 이들을 통해 하나님의 나라가 세워지고 유지되며 회복된다. 여기서 법은 하나님의 임재 방식이며, 하나님 백성이 계속적으로 존재하는 근원이 된다. 따라서 이스라엘이 법을 어기면 하나님의 임재는 성전에서 떠난다. 그리고 이스라엘 국가는 붕괴되고 만다. 그런데 인간 각자가 하나님의 법을 무시하고 스스로 법이 되어서 살아가겠다는 것은 굳이 설명하지 않더라도 얼마나 심각한 문제인지 알 수 있을 것이다.

이와 관련하여 창세기의 본문을 다시 보자.

하나님은 분명히 아담과 하와에게 "선악을 알게 하는 나무의 열매는 먹지 말라"고 하셨다. 아담과 하와의 자유는 여기서 제한받고 있다. 이 금지 명령을 통해서 하나님은 자신이 입법자(立法者)이고 창조주임을 분명하게 규정하고 계신 것이다. 그리고 아담과 하와는 법을 준수하는 백성이요, 피조물임을 인정해야 한다고 선언하신 것이다.

그러나 아담과 하와는 뱀의 유혹을 받아서 하나님께서 정하신 법(法)을 벗어났다. 자율적인 존재가 되겠다고 선언한 것이다. 그들은 하나님께서 정하신 법을 거부하고 자기가 옳다고 판단하는 것으로 법을 삼아 선악을 알게 하는 나무의 열매를 따 먹은 것이다. 놀랍게도 사탄은 아담과 하와에게 이것을 반역이라 인식하지 못하도록 하기 위해 '자유'라는 말로 왜곡했다. 선악을 알게 하는 나무의 실과를 먹는 것은 권리라고 생각하게 했다. 그리고 이것을 스스로 하나님처럼 되는 것(창 3:5)이라고 미혹했다.

그러나 아담과 하와가 선택한 것은 정확한 의미에서 '자유'가 아니라 '자율'이었다. 아담과 하와는 스스로 법을 규정하여 선과 악을 하나님이 규정하는 것이 아니라, 스스로 규정하겠다는 태도를 견지한 것이다. 이것이 바로 하나님과 같이 되려는 반역이었다.

그러므로 우리가 하나님의 법을 거부하고 자기 소견에 옳은 대로 살아가고, 스스로 옳다거나 선하다고 정당화하는 태도는 옛 아담과 하와의 태도를 그대로 답습하는 것이다. 다시 말해서 하나님 앞에 죄를 범한다는 것은, 죄의 경중(輕重)의 문제 이전에 우리가 하나님의 법을 인정하느냐, 아니면 내가 스스로 법의 주체(하나님)가 되느냐는 심각한 문제로 보아야 한다는 말이다.

그러므로 자율에 대한 하나님의 경고는 "네가 먹는 날에는 반드시 죽으리라"(창 2:17)는 선고가 내려질 수밖에 없다. 이것이 자율을 선택한 사람을 향한 하나님의 변치 않는 선고이다.

그런데 이것이 정치관에도 그대로 적용된다. 이것을 정치 전문 용어로 '자유지상주의', 다시 말해서 '리버테리어니즘'(Libertarianism)이라 한다. 이 태도는 개인의 자유와 경제적 자유를 동시에 주장한다. 요즘 보수주의를 외치는 사람들 가운데 상당수의 사람들이 자유지상주의를 외친다. 이들은 타인에게 신체적으로 재산적으로 정신적으로 직접적인 피해를 끼치지만 않는다면 개인의 모든 행동에 자유가 보장되어야 한다고 주장한다. 이런 태도는 분명히 자율주의라고 할 수 있다. 자율주의는 결국 타인에게 직접적으로 피해만 되지 않는다면 동성애를 하든지, 간음을 하든지, 무엇을 하든지 방임하는 지독한 이기주의다. 법의 주체를 하나님이 아니라 사람이라고 생각하며 자유를 주장하는 사람들이다. 이들은 이런 태도가 간접적으로나 장기적으로 다른 사람들에게 결국 피해와 파괴를 가져다준다는 것을 생각하지 못한다.

이제 이것을 복음의 관점에서 다시 이해해 보자.

예수님이 오시기 이전 유대인들은 율법이라는 규정 안에서 얽매여 살았다. 율법의 심판이라는 공포 때문에 억지로 율법을 지켰던 것이다. 이런 태도는 어찌 보면 하나님께서 정하신 범주 안에서 벗어나지 않는다는 점에서 '자유'라고 보일 수 있다. 그러나 이런 태도는 자유가 아니었다. 해방이 필요한 율법의 노예 상태일 뿐이다. 왜냐하면 하나님과 원수가 된 죄인들은 결코 에덴동산의 탐스러운 다양한 열매(특히 생명나무의 열매)를 따 먹으며 즐기듯이 율법을 지킬 수 없기 때문이다. 복음이 오기 이전의 율법은 마치 에덴동산에서 하나님이 허락하신 탐스러운 열매를 결코 탐스럽게 보지 않고, 도리어 심판의 공포 때문에 억지로 먹도록 강요된 것과 같다. 이것이 율법에 대한 죄인들의 반응이다.

그런데 예수님이 "진리를 알지니 진리가 너희를 자유롭게 하리라"(요 8:32)고 선언하셨다. 진리, 다시 말해서 예수 그리스도를 통한 복음이 죄인들을 자유케 한다는 것이다.

그러면 어떻게 자유케 한다는 것인가?

유대인들은 예수님의 이런 선언을 도무지 납득할 수 없었다. 그래서 예수님을 향하여 그들은 "우리가 아브라함의 자손이라 남의 종이 된 적이 없거늘 어찌하여 우리가 자유롭게 되리라 하느냐"(요 8:33)고 반문했다.

여기서 우리는 예수님께서 두 종류의 자유를 선언하고 계신다는 사실을 알아야 한다. 첫째는 죄의 노예 상태로부터의 자유이고, 또 하나는 율법의 억압으로부터의 자유다. 성경은 인간이 이렇게 두 종류의 노예 생활을 하고 있다고 가르친다.

그런데 애석하게도 인간은 자신이 율법의 억압 속에서 노예의 삶을 살고 있다는 점은 어느 정도 감지하지만 죄에 대해서도 노예 상태라는 것을 잘 감지하지 못한다. 그래서 율법으로부터의 자유를 선언하는 복음을 자꾸 오해한다. 이 자유를 하나님의 법의 억압으로부터 해방이고 자기가 스스로 법이 되는 것으로 이해한다. 그러므로 예수님은 복음이 주는 자유를 선언하기 전에 우리가 죄의 노예 상태에 있음을 먼저 깨우치셔야 했다. 그래야 율법으로부터의 자유란 내가 법이 되어서 내 맘대로는 사는 것이 아니라는 사실을 이해할 기초를 마련하신다.

이런 차원에서 복음은 노예의 삶으로부터 해방을 주는 '해독제'와 같다. 복음이 제공하는 해독제 역할은 첫째 '율법'을 통해서 우리가 죄의 노예 상태에 있음을 알게 하고, 두 번째는 그리스도의 대속의 은총을 통해서 율법에 대한 혐오를 제거하고 도리어 율법을 사랑하게 하는 것이다. 복음의 역할은 마치 선악을 알게 하는 나무 실과에 대한 식욕을 없애 버리고, 반대로 생명나무의 실과에 대한 식욕을 다시 회복시키는 것이라 할 수 있다. 그래서 복음은 율법을 즐거이 지키도록 하는 해독제다.

그러므로 예수님께서 선언하신 '자유'는 선을 행할 자유다. 이 자유를 사도 바울은 독특하게도 '의의 노예 되는 자유'라고 역설적으로 다음과 같이 표현한다.

"하나님께 감사하리로다 너희가 본래 죄의 종이더니 너희에게 전하여 준 바 교훈의 본을 마음으로 순종하여 죄로부터 해방되어 의에게 종이 되었느니라" (롬 6:17-18)

물론 여기서 종이라는 표현은 과거에 죄와 세상을 사랑하게 되었지만, 이제는 하나님을 적극적으로 사랑하게 되었다는 의미다. 성도는 이제 옛 아담처럼 하나님께서 정하신 법을 벗어나지 않고 그 범주 안에서 즐거움과 만족을 누리며 살게 된다.

이런 차원에서 예수님은 복음 안에서 자유를 누리는 성도들의 의가 바리새인이나 서기관들의 의보다 더 낫게 될 것이라 한다(마 5:20). 왜냐하면 구원받은 성도들에게 율법은 더 이상 구원받기 위해 억지로 지켜야 할 의무가 아니라, 좋아하기 때문에 자발적으로 지키는 조항으로 여겨지기 때문이다. 다윗의 시편은 복음 안에서의 율법에 대한 반응을 다음과 같은 말로 표현했다.

> "복 있는 사람은 악인들의 꾀를 따르지 아니하며 죄인들의 길에 서지 아니하며 오만한 자들의 자리에 앉지 아니하고 오직 여호와의 율법을 즐거워하여 그의 율법을 주야로 묵상하는도다" (시 1:1-2)

이는 마치 공부를 죽기 만치 싫어하는 학생에게 공부가 억압으로 여겨지지만, 그 학생이 공부의 달콤함을 알게 될 때, 더 이상 억압이 아니라 즐거움이 되는 것과 같다. 이런 학생에게 자유는 공부를 하지 않는 것이 아니다. 도리어 공부를 하도록 하는 것이다. 만일 이런 학생에게 공부를 하지 못하도록 하고 놀기만 하라고 요구한다면 분명히 자유를 억압받고 있다고 생각할 것이다. 이 아이에게는 노는 것이 자유가 아니다. 이런 관점에서 알코올 중독자가 술로부터 완전히 자유하게 되어 술을 싫어하고 술에 대한 욕구를 느끼지 않는 것이 자유라면, 얼마든지 술을 마실 수 있도록 해 주는 것은 자율이라고 할 수 있다.

그러므로 자유가 아닌 자율에 빠진 사람은 결코 주의 계명을 즐거운 것으로 여기지 않는다. 이들은 자기 소견에 옳은 대로 살아가는 것을 자유라 여긴다. 이들은 복음을 안다고 말하지만 결국 선을 행할 자유의 모습은 없고, 죄를 지을 자유밖엔 없다.

한동안 한국교회 안에서 인기를 끌던 유명한 목사님은 복음이 가져다주는 자유와 자율을 혼동하여 가르쳤다. 그 목사님은 신자가 죄를 범하면서 자신의 죄인 됨을 알아가는 것이 성화라고 가르쳤다. 구원받은 신자와 구원받지 못한 신자의 차이점은 자신이 하나님 앞에서 얼마나 심각한 죄인인지 아느냐의 여부라고 한다. 그래서 그 목사님께 배운 신자들은 자신이 죄 가운데 빠져 있는 상황을 혐오하고 저항하지 않는다. 그냥 죄의 노예 상태에서 자신의 실존을 자각하는 것을 일종의 자기 의로 삼는다. 그러나 그런 태도는 전형적인 무율법적 태도이며, 사르트르^{Sartre}가 가르친 실존주의자들의 전형적인 태도일 뿐이다.

사도 바울은 이런 오류에 빠져서 사는 사람들을 향하여 명확하게 가르쳤다.

"그런즉 어찌하리요 우리가 법 아래에 있지 아니하고 은혜 아래에 있으니 죄를 지으리요 그럴 수 없느니라 너희 자신을 종으로 내주어 누구에게 순종하든지 그 순종함을 받는 자의 종이 되는 줄을 너희가 알지 못하느냐 혹은 죄의 종으로 사망에 이르고 혹은 순종의 종으로 의에 이르느니라 하나님께 감사하리로다 너희가 본래 죄의 종이더니 너희에게 전하여 준 바 교훈의 본을 마음으로 순종하여 죄로부터 해방되어 의에게 종이 되었느니라" (롬 6:15-18)

사도 바울은 구원받은 성도들을 향하여 "은혜 아래에 있으니 죄를 지으리요 그럴 수 없느니라"고 명확하게 가르쳤다. 더 나아가 그는 "너희 자신을 종으로 내주어 누구에게 순종하든지 그 순종함을 받는 자의 종이 되는 줄을 너희가 알지 못하느냐 혹은 죄의 종으로 사망에 이르고 혹은 순종의 종으로 의에 이르느니라"고 했다. 이는 복음 안에서 율법에 대한 순종의 종으로 사는 것이 진정한 자유이지, 죄를 거리낌 없이 범하며 자기 소견에 옳은 대로 사는 것이 결코 자유는 아니라는 말이다.

> ☞ **자유와 자율의 정의**
>
> 자유는 하나님의 법을 기뻐하여 자발적이고 적극적으로 순종하는 태도라면, 자율은 자기가 스스로 법이 되어 자기의 방식을 기뻐하여 하나님의 법을 거역하는 태도다.

분별은 개념이다

09

사랑

09
사랑

　기독교를 잘 모르는 사람들도 기독교가 사랑의 종교라는 사실은 잘 알고 있다. 기독교의 사랑은 구원받아야 할 하등의 가치도 없는 죄인을 위해 죄 없으신 성자께서 아낌없이 자신을 희생하여 인류를 구원하신 위대한 사랑이다. 이 사랑의 위대함은 인류 역사상 수많은 사람들의 마음을 끊임없이 감동시켜 왔다. 나폴레옹은 예수 그리스도의 사랑이 전 세계를 정복했다고 말하기까지 한다. 기독교가 사랑의 종교라는 사실은 그 유명한 요한일서 4장 7-8절의 말씀으로 아주 잘 규정된다.

　"사랑하는 자들아 우리가 서로 사랑하자 사랑은 하나님께 속한 것이니 사랑하는 자마다 하나님으로부터 나서 하나님을 알고 사랑하지 아니하는 자는 하나님을 알지 못하나니 이는 하나님은 사랑이심이라" (요일 4:7-8)

　이 유명한 성경 구절은 많은 교회들이 전도할 때 거의 빼먹지 않고 애용하는 구절이다. 그러나 애석하게도 기독교와 결코 뗄 수 없는 '사랑'이라는 단어는, 오늘날 교회 안에서 가장 무분별하게 개념 없이 사용되는 대표적인 용어로 지적받고 있다. 그리하여 오늘날 이 시대 교회는 사랑을 그 누구보다 많이 외치지만, 모순되게도 세상 사람들로 하여금 가장 사랑이 없는 모임으로 평가받기까지 한다. 사랑을 가장 많이 말하는 교회가 사랑이 메마른 곳이라는 이런 모순적인 지적을 가장 많이 듣는 이유는 과연 어디에 있을까?

이제 그 원인을 성경의 조명 아래에서 살펴보도록 하자. 먼저 이 용어를 이해하기 위해 우리는 '무엇이 사랑이 아닌가' 하는 부정 어법으로 시작해야 한다.

첫째, 성경에서 가르치는 사랑은 동정(同情)이 아니다.

이 부분은 우리 한국인들이 가장 쉽게 빠지는 혼란이다. 한국인들의 문화를 우리는 흔히 '정(情) 문화'라 한다. 한국인들은 정(情) 때문에 미운 사람에게도 소위 '미운 정'이 들어서 쉽게 헤어질 수 없다고 한다. 정 때문에 가까운 사람의 불법에 눈을 감아 주기도 한다. 학연(學聯), 지연(地聯), 혈연(血聯)이라는 정 때문에 능력도, 도덕성도 없는 사람을 감싸거나 지지해 주기도 한다. 대부분 사람들이 흔히 말하는 것처럼 대한민국은 학연, 지연, 혈연 때문에 나라에 부정이 사라질 수 없다고 한다. 실력 있고 능력 있고 노력하는 사람이 출세하는 사회가 아니라 인맥(人脈)을 부지런히 만들고 잘 활용하는 사람이 성공하는 사회라는 것이다. 이런 인맥을 무시하면 인정 없고 냉정한 사람이라고 평가받는다.

그러면 성경은 이렇게 인정에 이끌리는 태도를 어떻게 보고 있는가? 결론부터 말한다면 성경은 이런 태도를 정죄한다. 성경은 뇌물을 받아 남을 봐주는 행위나 동정심 때문에 공정한 법 집행을 하지 않는 경우, 그리고 가까운 사이이기 때문에 잘못을 눈감아 주는 행위를 '사랑'이 아닌 '미워함'이라고 정의한다.

간단히 몇 가지 예를 들어 보자. 잠언 13장 24절의 말씀을 보면 "초달을 차마 못하는 자는 그 자식을 미워함이라 자식을 사랑하는 자는 근실히 징계하느니라"고 가르친다. 이 가르침은 자녀를 사랑할수록 엄격하고 냉철해야 한다는 점을 가르친다. 만일 자녀를 아끼고 사랑하기 때문에 자녀의 잘못을 엄격하고 냉철하게 다루지 않고 "차마 초달을 못하는" 것은 사실 사랑하는 것이 아니라 "미워함"이라고 규정한다. 이런 미움이 오늘날 한국 가정에 매우 만연한 상황이다.

한 가지 더 예를 들어보자. 사무엘상 15장을 보면 사울은 '동정심' 때문에 하나님께서 진멸하라고 명령하신 아말렉 왕 아각을 죽이지 않고 살려 준다. 사울 왕은 아마도 같은 왕으로서 아각 왕이 불쌍하게 여겨졌던 것 같다. 그 연민과 동정심 때문에 아각을 살려 준 것이다. 이에 대하여 사무엘 선지자는 "여호와께서 악하게 여기시는 일을 행하였다"고 사울 왕을 책망을 한다(삼상 15:19). 동정심이나 연민은 사랑이 아니라 도리어 분별력을 흐리게 만들고 사랑을 파괴하는 것이라고 가르친 것이다.

오늘날 교회 안에서 이런 모습은 너무도 흔하게 나타나는 현상이다. 교회 안에서 인정 때문에 불법을 행하고 죄를 범해도 결코 징계를 하지 않고, 책망을 하지 않는다. 죄를 범하더라도 사랑으로 덮어 주고 참아 주고 기다려 주는 것이 인격적이고 사랑하는 것이라 생각한다. 다시 말하지만 이런 태도는 결코 사랑이 아니다. 사랑을 가장한 미움이요, 죄악이다. 겉으로 보기에는 이런 태도가 사랑처럼 보이지만, 사실은 그 영혼과 인생을 더 철저히 파괴하는 것이기 때문이다.

사랑은 동정심에 끌려 다니는 것이 아니다. 도리어 어렵더라도 잘못을 지적해주고 책망하고 징계하는 것이 사랑이다. 물론 잘못을 지적하고 책망하고 징계하는 것에 '긍휼함'이 결핍되지 않도록 해야 한다. 왜냐하면 긍휼함 없는 지적과 책망과 징계는 형제를 미워하는 또 다른 방식이기 때문이다. 간혹 어떤 교인들은 자기가 미워하는 사람에 대해서는 담임 목사가 더 혹독하고 엄하게 징계하길 바란다. 이런 태도는 공의를 명분으로 형제를 미워하는 행위임을 알아야 한다. 그리스도인은 이 경계선을 냉철하게 잘 분별할 줄 알아야 한다. 분명하게 다시 언급하지만 공(公)과 사(私)를 분명하게 하고, 옳고 그름을 분명하게 하며, 잘잘못을 분명하게 하는 것이 성경이 가르치는 사랑이다. 거기엔 반드시 죄인을 향한 긍휼함이 빠져서는 안 된다.

물론 이런 것을 사랑으로 이해해야 한다는 관점이 한국인들의 정서에 받아들여지기는 쉽지 않다. 그러나 기독교 정신으로 세워진 대부분의 유럽이나 미국을 보면 이 부분에 대한 의식이 분명하다. 이런 태도 때문에 가정이나 사회나 교회에 부정과 불법이 들어오는 통로가 최소화될 수 있었다. 이런 태도는 분명히 한국 사람들의 정서에는 무정하고 냉정한 태도로 보인다. 그러나 이렇게 보이는 것은 우리에게 공정함에 대한 기독교적 안목이 결여되었기 때문이지 우리의 안목이 옳은 것은 아니다. 성경적으로 볼 때, 어느 정도의 동정심은 아름답지만, 정도를 넘어서는 동정심은 사랑이 아니라 불법과 죄악이 들어오는 교묘한 사탄의 통로라는 것을 명심해야 한다.

둘째, 성경이 가르치는 사랑은 무질서가 아니다.

하나님은 질서의 하나님이시면서 동시에 사랑의 하나님이시다. 그렇기 때문에 무질서와 사랑이 결코 공존(共存)할 수 없다. 그러나 놀랍게도 많은 사람들이 교회 안에서 엄격한 질서를 추구하면 사랑이 없어진다고 생각한다. 이것을 차가운 율법주의라 생각한다. 질서를 너무 강조하면 인간관계가 굳어지고 사랑이 메말라진다고 생각한다. 그래서 사랑하는 관계일수록 너무 질서를 따지지 말고 자유로워야 한다고 생각한다. 이렇게 사고하는 사람들은 아내가 남편에게 순종적인 태도를 취해야 한다거나, 부모가 자녀에게 존칭어를 사용하며 공경해야 한다는 성경적인 가르침을 가부장적 권위주의라고 공격한다. 또 스승과 제자, 목사와 성도의 관계 질서를 명확하게 하는 것도 '고리타분한 권위주의'라고 생각한다.

사회적으로도 이런 관점은 다르지 않다. 법과 질서를 지키기 위해 사람들에게 공권력을 행사하면 '독재'라 한다. 물론 역사적 배경을 염두에 두고 이런 주장을 하는 사람들의 심정을 헤아린다면 나름 이해할 만하다. 그러나 질서가 무너진 관계 속에서 사랑은 결코 꽃을 피우지 못한다. 이것은 가정에서나 교회에서나 사회에서나 어디에나 적용되는 원리다. 아무리 친한 관계라도 관계 질서가 무너지면 그 관계는 오래 지속될 수 없다.

하나님과 인간이 사랑하는 관계를 회복하기 위해서도 가장 먼저 시작해야 하는 부분은 관계 질서의 확립이다. 인간은 하나님을 경외하고 그의 명령에 순복하며, 하나님은 창조주이시며 우리는 피조물이라는 관계 질서가 분명해야 사랑이 생기고 자란다. 이 관계 질서가 불분명한 상태에서 사랑은 기대하기 어렵다.

아담과 하와가 그 대표적인 예이다. 아담과 하와에게 하나님과의 사랑 관계가 깨진 것은 하나님과 피조물의 관계에서 넘어서는 안 될 선을 넘어섰기 때문이었다. 사람들과의 관계 속에서도 동일하다. 부모와 자녀, 스승과 제자, 남편과 아내, 직장 상사와 부하직원 등의 관계 안에서 사랑이 생기려면 무엇보다 하나님께서 규정하신 관계 질서가 분명히 서야 한다. 관계의 질서가 불분명한 상태에서 사랑은 기대할 수 없다. 사랑이 아니라 오해와 불신과 갈등만 심화될 뿐이다. 진정으로 사랑을 회복하기 원한다면 하나님께서 규정하신 관계 질서를 먼저 회복해야 한다. 하나님께서 규정하신 관계 질서를 회복하면 사랑의 관계 회복은 비로소 시작된다.

오늘날 사랑이 메말라 가는 이유를 어디서부터 찾아야 할까? 무엇보다 남편과 아내의 관계 질서, 부모와 자녀의 관계 질서, 스승과 제자의 관계 질서, 직장 상사와 부하 직원의 관계 질서가 불분명한 상태에서 찾아야 한다. 모든 관계의 갈등이 여기서부터 출발한다. 그러므로 사랑은 질서 안에서 꽃을 피운 후에 열매 맺는다는 것을 잊지 말아야 한다.

셋째, 성경이 가르치는 사랑은 불법을 허용하는 것이 아니다.

우리는 흔히 법과 사랑이 공존할 수 없는 것처럼 생각하는 경향이 있다. 누군가 "법이요!"라고 말하기 시작하면, 은연중에 은혜롭고 사랑스러운 분위기가 깨지고 있다고 생각한다. 그러나 이러한 우리의 생각은 성경에서 어떤 근거도 찾을 수 없는 잘못된 선입견이다. 이것은 마귀의 가르침이다.

도리어 예수님은 마지막 때가 가까워 올수록 "불법이 성하므로 많은 사람의 사랑이 식어지리라"(마 24:12)고 분명하게 경고하셨다. 여기서 우리 주님은 분명히 '불법', 다시 말해서 법을 어기고 무시하는 일로 인해서 "사랑이 식어지리라"고 가르치셨다. 그 이유가 무엇인가? 성경의 관점에서 볼 때, '법'(율법)의 실체는 '사랑'이기 때문이다. 성경은 율법이 사랑을 메마르게 하는 것이 아니다. 도리어 '하나님 사랑'과 '이웃 사랑'을 풍성하게 하고, 더 나아가 올바르게 사랑하도록 주어진 것이라고 가르친다.

그러므로 사도 요한도 오해를 불식시키기 위해서 복음을 "내가 새 계명을 너희에게 쓰는 것이 아니라 너희가 처음부터 가진 옛 계명이니"(요일 2:7)라고 설명했다. 복음은 새로운 계명을 선사해 준 것이 아니다. 도리어 옛 계명을 강화시켜 주는 것이라는 말이다. 따라서 사도 요한은 "우리가 그의 계명을 지키면 이로써 우리가 저를 아는 줄로 알 것이요 저를 아노라 하고 그의 계명을 지키지 아니하는 자는 거짓말하는 자요 진리가 그 속에 있지 아니하되"(요일 2:3-4)라고 가르쳤다. 이렇게 하여 복음 안에서 법은 무시되는 것이 아니라 도리어 더 적극적으로 존중됨으로 사랑을 풍성하게 한다.

이에 대하여 바울은 "사랑은 이웃에게 악을 행치 아니하나니 그러므로 사랑은 율법의 완성이니라"(롬 13:10)라고 더욱 강경한 어조로 가르쳤다. 다시 말해서 법을 어기는 것이 표면적으로는 관대하고 동정심 많은 것처럼 보이지만 사실은 결코 사랑이 아니라는 것이다. 도리어 사랑을 파괴하는 것이다. 이것이 바로 사탄이 우리의 사랑을 파괴하기 위해 사용한 속임수다.

오늘날 사탄은 죄에 대한 관대함을 사랑과 포용이라는 용어로 왜곡하고 있다. 간통과 동성애를 사랑이라는 말로 미화시킨다. 불법을 포용이라는 말로 합리화시킨다. 군대 내의 질서 파괴를 민주화라는 말로 왜곡한다. 부부간의 관계 질서와 성역할을 혼란스럽게 하면서 이것을 남녀평등이라는 말로 대신한다. 이제 이 사회에서 성경적인 사랑은 포용력 없고, 몰인정하며, 반민주적이고, 권위주의적인 파렴치로 여겨지고 있다. 애석하게도 이런 왜곡이 교회 안에서도 동일하게 받아들여지고 있다는 점이다.

사랑은 냉철하게 법과 질서를 지키는 것이다. 법과 질서 안에서만 참된 자유로움이 있다. 하나님의 법을 떠난 사랑은 아무리 로미오와 줄리엣, 혹은 타이타닉의 두 남녀처럼 아름답게 미화를 하더라도 '불륜'이나, '간음'으로 규정될 뿐이다. 법을 어기면서 사랑하는 사람을 위해서 잔인하게 복수하는 영화의 한 장면도 결코 사랑일 수 없다. 아무리 아름답고 멋있게 묘사하더라도 하나님 앞에서는 가증하고 역겨운 죄일 뿐이다.

오늘날 우리는 영화가 가져다주는 미학적 합리화 때문에 점점 선과 악의 경계가 모호해지는 시대에 살고 있다. 많은 사람들이 영화나 문학과 예술 등의 영향을 통해서 사랑에 대한 정의에 심각한 혼란을 갖는다. 이런 상황에서 진리의 기둥과 터의 역할을 해야 할 교회도 여기에 휘둘리고 있다. 우리는 이런 용어 혼란으로부터 교회를 지켜내야 한다. 이 용어의 혼란을 지켜낼 때에 비로소 세상 속에서 빛과 소금의 역할을 제대로 감당할 수 있을 것이다.

이제 결론으로 들어가자.

우리는 오늘날 그 어느 때보다 사랑이 메마른 시대에 살고 있다. 천륜이라는 부모와 자녀와의 관계도 점점 사라지고 있다. 이런 시대적 절망 속에서 우리는 교회를 향하여 사랑 가득한 세상을 만들어 달라고 애절하게 호소하는 세상의 절규를 들어야 한다. 그러나 세상의 이런 절규를 듣고 교회가 성경적 개념 없이 세상처럼 무분별한 사랑을 추구하며 감정적으로만 사랑을 실천하면 안 된다. 교회가 사랑 없는 세상에 사랑으로 가득하게 하기 위해서는 무엇보다 참 사랑의 기준을 명확하게 잡아 주어야 한다. 그리고 성경이 가르치는 올바른 사랑을 구체적으로 실천하며 세상에 확산시켜야 한다.

사랑이 메말라 가는 시대에서 교회가 해야 할 시급한 일은 사랑의 개념을 바로 규정하고 실천하는 것이다. 교회부터 성경이 가르치는 사랑이 무엇인지 제대로 개념을 잡지 못하면서 사랑만 외치면 세상은 더 심각한 혼란에 빠지고 만다. 오늘날 전 세계는 인권이라는 명분으로 불법이 왕 노릇 하는 시대에 살고 있다. 소위 정치적 올바름(PC/정치적 금기에 의해 말하고 행동함)에 동화되어 성경적 사랑은 증오의 대상이 되고 있다. 기독교인들 중에서도 p.c. (political correctness)에 동화된 사람들이 많다. 그들은 성경적 일관성을 상실하여 간음은 반대한다고 하면서 동성애는 관대하게 수용해야 한다고 한다. 이런 사람들에게 동성애는 간음의 범주에 들지 않는지 묻고 싶다. 태아의 생존권은 무시하면서 여성의 자기 결정권을 존중해 줘야 한다는 주장에 동화되는 경우도 많다. 살인을 해서라도 여성의 자기 결정권을 존중해야 한다는 이런 사람들의 주장은 어떻게 합리화될 수 있는지 납득하기 어렵다. 이젠 사랑이라는 미명 하에 십자가의 은총과 유일한 구원을 포기하고 타 종교를 포용하는 관용적 태도까지 당연하게 여겨지고 있다. 이런 현상이 아무렇지도 않게 자행되고 있는 이유는 기독교가 성경적인 '사랑'을 바르게 규정하지 못하고 실천하지 못한 결과라고 보아야 할 것이다.

무엇보다 우리 기독교인들이 분명히 기억해야 할 성경적 사랑은 '하나님 사랑'을 기초로 해서 '이웃 사랑'이 행해져야 한다는 것이다. 하나님을 사랑하는 범주를 벗어난 행위는 아무리 아름답고, 아무리 달콤하고, 모든 사람들이 다 박수를 쳐 준다 해도 결코 사랑이라 할 수 없다. 그렇게 보아서도 안 된다. 하나님은 사랑이시다. 이 말은 하나님만이 참된 사랑의 유일한 기준이라는 뜻이다. 하나님에게서 벗어난 사랑은 더 이상 사랑이 아니다. 미움이다. 이 사랑 안에 거할 때만 이웃에게 참되게 선을 행하는 것이 된다.

사도 바울은 고린도전서 13장에서 하나님 사랑 없이 "내가 사람의 방언과 천사의 말"하는 것을 "소리 나는 구리와 울리는 꽹과리"라고 한다. 또 "예언하는 능력이 있어 모든 비밀과 모든 지식을 알고 또 산을 옮길 만한 모든 믿음이 있을지라도" 그것은 "아무 것도 아니요"라고 했다. 더 나아가 "내게 있는 모든 것으로 구제하고 또 내 몸을 불사르게 내줄지라도" 그것은 "내게 아무 유익이 없느니라"고 한다. 아무리 아름답고, 아무리 고귀하며, 모든 사람들에게 감동을 주는 행위라 하더라도 하나님 사랑에서 출발하지 않은 모든 것은 결코 참된 사랑일 수 없음을 기억해야 한다.

☞ **사랑의 정의**

사랑이란 하나님의 법에서 벗어나지 않는 것이며, 이 법은 하나님을 사랑하는 마음에서 출발하여 이웃을 사랑하는 것으로 나타난다. 왜냐하면 하나님은 사랑이시기 때문이다.

분별은 개념이다

10

연합

10
연합

오늘날 기독교 신자들에게 '칭의' 다음으로 가장 낯설게 느껴지는 용어가 있다면 그것은 바로 '연합'이다. 물론 설교 시간이나 성경공부 가운데 연합이라는 용어를 들어 본 사람들은 어느 정도 있을 것이다. 그러나 상당수 교회에서 연합이라는 용어 자체를 설명하며 그 중요성을 강조해 주는 경우는 흔치 않다. 그럴 수밖에 없는 것은 장로교 교단의 신학교에서조차 연합 교리를 강조하는 강의를 듣기 쉽지 않기 때문이다. 그럼에도 불구하고 신학교에서 조직신학을 배운 목회자들은 조직신학 구원론에서 그리스도와의 신비적 연합이라는 표현은 한두 번은 들어 본다. 여기서 신비적 연합을 영어로 "Mystical Union"이라 한다. 라틴어로는 "unio mystica"(우니오 미스티카)라고 한다.

이 교리가 신학교나 교회에서 큰 관심이나 강조를 받지 못했음에도 불구하고 이 교리는 사실 칭의 교리 못지않게 중요한 교리다. 이 교리가 얼마나 중요한 교리인지는 존 머레이 교수가 "그리스도와의 연합과 교제보다 더 기초적이고 핵심적인 교리도 없다[17]"고 한 말속에서 충분히 알 수 있다.

---

17) 존 머레이, 『구속론』 하문호 역 (성광출판사, 1994), 213.

오늘날 칭의 교리와 함께 그다지 강조되지 않는 이 교리를 존 머레이 교수는 어찌하여 기독교 신앙의 "핵심적인 교리"라고 가르쳤는지 생각해 보아야 한다. 그 이유는 그리스도께서 공생애 기간을 통해 완성하신 구원이 신자의 것이 되는 것은 오직 '신비적 연합'을 통해서이기 때문이다. 이에 대해 칼빈도 "우리가 그리스도와 하나가 될 때까지 그가 소유한 것 중의 어떤 것도 우리에게 속하지 않는다[18]"고 했다. 다시 말해서 기독교 신앙에서 그리스도께서 소유한 것을 누리는 것은 그리스도와 연합을 통해 비로소 가능하다는 말이다. 이 정도면 연합의 교리가 얼마나 중요한지 어느 정도 감이 올 것이다.

그러면 그리스도와 신비적 연합을 한다는 말이 무엇인지 살펴보자.

먼저 신비적 연합은 신약 성경에서 주로 "그리스도 안에서"라는 말로 나타난다는 점을 숙지해야 한다. 바울은 자신의 서신서에서 유독 "그리스도 안에서"(in Christ)라는 말을 많이 사용했다. 이는 그리스도와 연합한 상태를 지칭하는 표현이다. 특히 이 표현은 그리스도와 한 몸을 이룬다는 점과 직접적으로 관련된 표현으로 사용되었다는 점이 중요하다. 바울은 로마서 12장 5절에서 "이와 같이 우리 많은 사람이 그리스도 안에서 한 몸이 되어 서로 지체가 되었느니라"고 가르친다. 이는 그리스도와 신비한 연합을 이룬다는 점이 뜻하는 바가 바로 그리스도와 한 몸을 이루었다는 것을 의미한다는 사실을 아주 잘 설명해 준다.

---

18) 기독교 강요 III. 1. 1.

그리스도와 한 몸을 이루었다는 사실을 유난히 많이 강조하는 성경은 에베소서와 골로새서다. 이 두 성경은 신자가 성령으로 거듭남과 동시에 그리스도를 머리로 하는 몸이 되었음을 강조한다. 이는 신자가 그리스도와 연합됨으로 말미암아 그리스도의 의지와 감정, 지혜, 능력, 감각을 다 공유하게 되었음을 의미한다. 따라서 신자는 성령으로 거듭남과 동시에, 이전에는 감각하지 못했던 그리스도의 안목과 감정과 의지와 지혜와 거룩함과 능력을 소유하게 된다. 이런 주관적 인식의 변화를 통해서 신자는 자신이 비로소 새로운 피조물이 되었음을 자각하게 된다.

이 변화 속에서 신자는 새롭게 된 지성(知), 새롭게 된 감정(情), 새롭게 된 의지(義), 새롭게 된 양심을 경험하게 된다. 신자는 지, 정, 의가 그리스도의 것으로 변화되는 것이다. 이것을 바울은 "새 사람을 입었으니 이는 자기를 창조하신 이의 형상을 따라 지식에까지 새롭게 하심을 입은 자니라"(골 3:10)고 명확히 가르쳤다.

그러나 여기서 조심스럽게 이해해야 할 점이 있다. 그것은 이 연합이 이전의 자신은 없어지고 그리스도의 것으로 대치되는 것이 아니라는 사실이다. 우리가 본래 타고난 인격과 기질은 여전히 존재하면서 그리스도 안에 있는 복이 우리의 것이 되는 것이다. 그리하여 우리의 인격과 기질 속에서 그리스도의 영광이 나타난다. 이러한 사실을 제임스 스튜어트James Stewart는 "그리스도와의 연합은 믿는 자의 개인적인 특질과 특성을 말살시키는 것이 아니라, 이러한 것들을 더더욱 선명하게 만든다"고 했다. 또 루이스 스미스

Lewis Smedes도 "그리스도는 자신을 우리에게 나누어 주시되, 그 방법은 우리를 축소함 없이 변화시키시며, 우리로 하여금 신이 되게 하지 않으시면서도 우리를 변형시키시며, 우리를 그리스도 되게 하지 않으시면서도 우리를 그리스도인이 되게 하시는 것"이라 했다.[19]

이 사실을 이해시키기 위해 우리 주님과 바울이 사용하셨던 표현이 바로 '접붙임'이다. 예수님께서는 요한복음 15장에서 연합을 포도나무와 가지의 접붙임으로 설명하셨고, 바울은 로마서 11장에서 돌 감람나무 가지가 참 감람나무에 접붙임 받는 것으로 설명했다. 여기서 예수님은 열매 맺는 주체는 가지가 아니라 포도나무라는 점을 강조하셨고, 바울은 돌 감람나무 가지를 보존하는 주체는 가지 자체가 아니라 뿌리라는 점을 강조한다. 이 두 비유를 통해서 우리는 그리스도와 연합을 통해 가지의 본질이 바뀌는 것이 아니라는 점을 발견하게 된다. 가지는 본래의 본질을 여전히 가지고 있다. 그러나 그 가운데서 나무의 열매를 맺고, 나무의 생명력을 통해 생명이 보존된다. 이것이 그리스도를 통한 신비적 연합의 성격이다.

여기서 우리는 성경이 가르치는 '연합'과 '합일'의 차이를 바르게 이해해야 한다.

이 둘의 차이를 이해하기 전에 우리는 천주교나 이방 종교, 뉴에이지에서 사용하는 '합일'도 영어로는 'union'이라는 같은 용어를 사용한다는 점에서

---

19) 안토니 A. 후크마, 『개혁주의 구원론』, 류호준 역 (기독교문서선교회, 1995), 105.

혼란을 피해야 한다.

그러나 감사하게도 우리 한국어는 이 둘을 '연합'(聯合)과 '합일'(合一)로 다르게 표기함으로써 구분이 쉽도록 했다. 우리나라에서 처음 이 두 용어를 다르게 번역한 것은 아주 탁월한 통찰이었다. 왜냐하면 '연합'이라는 한자는 성경의 의미를 아주 잘 설명해 주고 있다면, '합일'은 이방 종교에서 인간이 신화(神化/신처럼 됨) 된다는 사상을 아주 잘 설명해 주고 있기 때문이다. 이렇게 합일을 통해서 신화(神化) 된다는 사상은 우리나라에서도 수행을 통해 신선(神仙)이 되는 것으로 나타난 사상이다.

합일의 개념을 이해하려면 '신플라톤주의'(Neoplatonism)를 이해해야 한다.

신플라톤주의는 이 세상의 창조가 데미우르고스(δημιουργός , 만드는 자)로부터 세계정신(누우스)이 유출되고, 정신(누우스)에서 영혼(프시케)이, 영혼에서 물질이 유출됨으로 이루어졌다고 주장한다. 신플라톤주의자들은 인간의 영혼이 육적인 것을 추구하면 타락한다고 보았고, 반대로 정신적인 것을 추구하면 구원을 받는다고 보았다. 여기서 정신적인 것을 추구한다는 것은 곧 '황홀경', 다시 말해서 자기는 없어지고 신(god)과 자신이 하나가 되어 완전히 몰입되는 '무아지경'을 의미한다. 그리고 이렇게 황홀경에 빠지는 것을 '구원'이라 보았다.

이에 대해 한스 요아킴 슈퇴리히[Hans Joachim Storig]는 신플라톤주의가 추구하는 합일을 다음과 같이 설명했다.

> 인간의 지고한 목표와 행복은 자신의 영혼을 그 근원인 신적인 것과 다시 화
> 합시키는 것에 있다. … 이 목표에 이르는 본래의 길은 정신적인 것이다. 즉
> 그 길은 인간의 외부가 그 내면으로 향한다. … 가장 높은 단계가 되는 것은
> 우리 자신에 대한 몰입, 다시 말해 우리 안의 신적인 것에 대한 완전한 몰입
> 이다. 그러한 몰입은 모든 사유와 의식을 초월하여 '신과 하나 됨'이라는 무
> 의식적 황홀경의 상태로 나아간다.[20]

합일이 무엇인지 개념을 이렇게 정리하면 오늘날 교회 안에서 일어나는
신사도 운동이나 은사주의 운동들이 주로 성경이 가르치는 '연합'이 아님을
쉽게 알 수 있다. 이는 이방 종교에서 신과 '합일'을 통해 구원을 확신하려는
행위에 더 근접해 있다. 왜냐하면 이들은 주로 황홀경이나 신비적 체험을
추구하는 데 주된 관심을 두고 있기 때문이다. 더 놀라운 사실은 이들이 합
일을 추구하는 방식이다.

오늘날 교회 안에 소위 성령 충만이라는 명분으로 샤먼(shaman)과 같은 목
사가 성령의 불을 안수기도로 나누어 주는 것(임파테이션/impartation)은 전형
적인 이방 종교(샤머니즘)의 행태와 유사하다. 또 요란한 음악과 정신을 차
리지 못할 정도의 빠른 템포로 찬양을 하는 가운데 황홀경(恍惚境)에 빠지
는 것도 이방 종교에서 합일을 이루는 방식과 놀라울 정도로 유사하다. 합

---

20) 한스 요아힘 슈퇴리히, 『세계철학사』, 박민수 역 (이룸, 2010), 308-309.

일을 이루는 것은 이렇게 요란스러운 방식으로만 이루어지는 것이 아니다. 힌두교나 히피, 혹은 뉴에이저들(New Agers)은 명상으로 합일을 추구하기도 한다. 마음을 고요함과 무아의 상태로 유도하여 자신의 심령 속에 신이 있음을 찾는다. 불교에서는 이런 명상수행을 통해 성불을 추구한다면, 천주교에서는 성경의 인물과 접촉하여 대화하는 것으로 나타난다고 가르친다.

오늘날 천주교나 불교에서 이런 합일을 추구하기 위해 수행하는 명상법을 '관상기도'라 한다. 관상기도 가운데 첫 번째로 주목해야 할 기도법은 "호흡기도"다. 호흡기도에 주로 사용되는 호흡법을 소위 '아나파나사티'(호흡관법경)라 한다. 이 명칭은 산스크리트어로서 '아나'는 들숨을, '아파나'는 날숨을 뜻한다. 이 호흡을 통해서 불교나 천주교는 자신을 비우고 그 비운 심령 속에 신(神)으로 채워 합일(合一)을 추구한다. 천주교는 이런 이방 종교의 관상기도를 기독교화시켰다. 그리하여 숨을 천천히 들이마시면서 "예수님"을 부르고, 숨을 내쉴 때에는 "긍휼히 여기소서"라고 반복함으로써 이런 수행법이 성경적인 기도법인 것처럼 사람들을 가르친다. 이렇게 반복하여 호흡기도를 하면서 어떤 사람은 길거리의 노숙자들이 어느 날 갑자기 예수님으로 보이는 체험을 했다고 한다. 그러나 이런 환영(幻影)은 자기 최면술에 의한 현상일 뿐이다. 그러나 천주교는 이 과정을 통해서 은혜가 주입된다고 가르친다.

두 번째로 주목해야 할 관상기도는 기도문을 수백 번 반복해서 기도하는 '반복 기도'다. 이 기도는 주기도문이나 사도신경, 혹은 특정한 목적을 이루

는 기도문을 수백 번 반복하는 것이다. 이렇게 같은 기도를 반복하면 하나
님의 은혜가 주입되고 응답이 이루어진다고 믿는다. 이 기도법에는 주로
염주나 묵주 같이 기도의 횟수를 셀 수 있는 도구가 사용된다. 이렇게 함으
로써 그들은 말을 많이 해야 하나님께서 들으실 것이라고 생각한다. 놀랍
게도 이런 기도를 예수님은 이미 마태복음 6장 7절에서 이방인들의 기도라
고 정확하게 지적하셨다.

"또 기도할 때에 이방인과 같이 중언부언하지 말라 그들은 말을 많이 하여야
들으실 줄 생각하느니라" (마 6:7)

그러면 이제 좀 더 구체적으로 기독교는 관상기도를 어떻게 보는지 합동
교단의 관상기도 연구 보고서를 구체적으로 인용해 보겠다.

볼스트의 이런 표현은 관상 기도가 얼마나 신과의 합일이라는 생각과 밀접
히 관련되어 있는지를 잘 알 수 있게 하는 것이다. 그것을 위해 관상은 주입
적인 것이고 그 상태에서 우리는 순전히 수동적이라고 하면서도 그에 이르
기 위해 인간이 노력해야 함을 강조하는 것에서 관상기도에서도 기본적인
신인협력주의의 특성을 드러내는 것이다. [21]

관상기도에 대하여 유해룡 교수는 그의 저서 『하나님의 체험과 영성수
련』에서 "관상이란 사고에 의한 분석이 아니라 주체(자기)와 객체(하나님)가
하나(일치)가 되는 하나님의 임재 체험과 관련된 말이다. 그러므로 그리스도

---

21) https://cafe.naver.com/anyquestion/22241.

인에게 있어서 관상이란 하나님의 실체를 직관적으로 바라보고 체험하는 것"[22]이라 했다. 이는 관상기도가 그리스도와 연합이 아닌 합일을 이루는 전형적인 이방 종교의 신비주의 사상을 가르치고 있음을 알 수 있다.

여기서 우리가 한 가지 정리를 해야 할 관점이 있다. 그것은 '연합'은 예수 그리스도의 거룩한 인성(마지막 아담)에 참여하는 것을 의미한다면, '합일'은 인간이 신과 하나되어 하나님처럼 되는 것을 지향(志向)한다는 점이다. 전자는 첫 아담의 저주로부터 완전한 해방과 회복이라면, 후자는 사탄이 하와에게 "하나님 같이 되어"(창 3:5)라고 했던 유혹의 연장선에 있다.

이제 다시 연합에 대한 이야기로 돌아가자.

무엇보다 연합의 중요성은 의롭다 칭함(칭의)을 받는 데 있다. 왜냐하면 그리스도와의 연합은 그리스도의 의(義)가 신자에게 주어지는 놀라운 원리를 제공하기 때문이다. 우리가 흔히 생각하는 것처럼 신자가 의롭다 칭함 받는 것은 그냥 이루어지는 것이 아니다. 이 선언에는 우리가 그리스도와 한 몸을 이룬 것에 근거를 둔다.

다시 말해서 우리가 의로운 사람이 되었기 때문에 의롭다고 선언하신 것이 아니라, 우리가 예수님의 몸의 일부가 되었기 때문에 예수님의 의로움에 우리가 참여하는 것일 뿐이라는 말이다. 이는 마치 아무 필요 없는 돌멩이를 성전 건축에 사용하면 그 돌멩이가 성전의 일부가 되어서 거룩하게 취급

---

22) 김덕겸, 『관상기도』 (은혜출판사, 2007), 25.

되는 것과 같다.

무엇보다 연합의 문제에서 우리가 반드시 염두에 두어야 할 점은 성령의 사역이다. 성령님은 우리를 그리스도와 연합을 가능하게 하는 주체가 되신다. 성령님이 아니고서는 하나님을 주로 시인할 수 없는 것처럼, 성령님이 아니고서는 그리스도와 연합을 이룰 수 없다.

고린도전서 12장 13절을 보면 바울은 "우리가 유대인이나 헬라인이나 종이나 자유인이나 다 한 성령으로 세례를 받아 한 몸이 되었고 또 다 한 성령을 마시게 하셨느니라"고 가르친다. 이는 그리스도와 연합을 이루는 연결고리가 바로 성령님임을 뜻한다.[23]

그런데 그 성령님은 동시에 그리스도의 영이시라는 점을 주목해야 한다. 이는 성령 충만이 곧 그리스도와 연합의 강화라는 점을 가르친다. 그러므로 존 머레이는 "성령이 우리 안에 거하시면 그리스도가 우리 안에 거하시는 것이고, 그리스도가 우리 안에 거하신다 함은 성령에 의한 것"[24]이라고 가르쳤다.

마지막으로 우리는 그리스도와의 '연합'이 바로 '코이노니아'(κοινωνία)를 의미한다는 점을 기억해야 한다. '코이노니아'는 흔히 '사귐', 혹은 '교제'의

---

23) 존 머레이, 219.

24) Ibid., 220.

의미로 번역되고 사용된다. 그래서 이 단어는 주로 신자들과의 교제를 떠올리게 한다. 그러나 이 단어는 형제들과의 교제라는 관점보다는 그리스도와의 연합에 우선순위를 두고 이해해야 한다. 이 사실을 잘 보여 주는 성경 구절이 바로 요한일서 1장 6절이다.

"만일 우리가 하나님과 사귐이 있다 하고 어둠에 행하면 거짓말을 하고 진리를 행하지 아니함이거니와" (요일 1:6)

사귐에 해당하는 헬라어 '코이노니아'는 그리스도와 연합이 무엇인지 잘 보여 준다. 그것은 화해와 동행의 상태를 말해 준다. 하나님은 단순히 천국에 가기 위해서만 필요한 분이 아니라, 일상의 모든 삶 속에서 함께해야 할 존재라는 말이다. 마치 부부처럼 말이다.

그런데 사도 요한은 이러한 하나님과의 사귐(코이노니아)이 신자들의 삶에 그대로 나타나야 할 것을 가르친다. 그는 "우리의 사귐은 아버지와 그의 아들 예수 그리스도와 더불어 누림이라"(요일 1:3)고 했다.

여기서 요한은 우리 사귐(코이노니아)의 근거를 "아버지와 그의 아들 예수 그리스도와 더불어 누림"이라고 한다. 이는 오늘날 종교다원주의자들이 주장하는 것처럼 사람들과의 연합과 교제가 중심이 아니라, 하나님과의 교제가 중심이라는 점을 잘 보여 준다. 이러한 사도 요한의 가르침은 신자가 그리스도 안에서 한 몸을 이루고 있다는 바울의 표현과 그대로 일치한다.

이 사귐을 잘 보여 주는 성례가 바로 '성찬 예식'이다. 고린도전서 10장 16절의 말씀을 보면 사도 바울은 성례가 어떻게 하나님과 사귐(연합)을 가르치는지 명확하게 가르쳐 주고 있다.

"우리가 축복하는 바 축복의 잔은 그리스도의 피에 참여함이 아니며 우리가 떼는 떡은 그리스도의 몸에 참여함이 아니냐" (고전 10:16)

여기서 바울은 성찬의 잔과 빵이 그리스도의 몸에 참여함을 가르친다고 설명한다. 여기서 "참여함"에 해당하는 헬라어가 바로 '코이노니아'다. 다시 말해서 성찬은 단순히 예수 그리스도의 십자가 사건을 기념하도록 주어진 예식이 아니라는 말이다. 성찬은 영적인 임재 아래에서 하나님의 말씀을 생존의 양식으로 삼는 신자들이 그리스도와 연합을 하는 방식을 가르친다. 여기서 기독교인들이 추구하는 '연합'과 이방 종교인들이나 천주교인들이 추구하는 '합일'이 어떻게 근본적으로 다른지 잘 보여 준다.

연합과 관련하여 성찬에 대해 좀 더 관심 가지고 보아야 할 점은 그 다음 17절이다. 17절은 그리스도와 연합이 같은 신앙고백을 하는 신자들과의 연합으로 나타나야 할 논리적 근거를 제시한다.

"떡이 하나요 많은 우리가 한 몸이니 이는 우리가 다 한 떡에 참여함이라" (고전 10:17)

이는 그리스도의 한 몸에 모든 신자들이 참여하는 것이 무엇을 의미하는지 말해 준다. 즉 그리스도와 한 몸을 이루는 그리스도인들은 하나의 떡, 다시 말해서 같은 말씀(교리), 같은 신앙고백 안에서 한 몸을 이룬 존재라고 가르치는 것이다. 여기서도 "참여함"에 해당하는 헬라어도 '코이노니아'다. 이는 바울 사도가 로마서와 에베소서, 골로새서에서 교회가 그리스도를 머리로 하는 한 몸이라는 가르침과 일맥상통한다.

이런 가르침을 볼 때, 신자는 개별적으로서 하나님과 연합을 이룬 것으로 이해하기보다는 그리스도를 머리로 하여 모든 성도가 하나의 유기적인 몸을 이루는 연합체라고 이해해야 한다는 점을 깨달아야 한다. 신자가 그리스도와 연합했다는 사실을 가장 실제적으로 명확하게 보여 주는 방식은 같은 신앙고백을 하는 형제들과의 사귐(코이노니아)이 나타나는 것이다.

형제가 자신이 믿는 그리스도의 몸의 일부라고 믿는다면, 그를 제 몸처럼 사랑함이 마땅하다. 만일 같은 하나님을 믿는다고 고백하면서 형제에 대한 사랑의 연합이 없다면 그의 신앙은 의심의 여지를 남긴다.

그러므로 요한은 "누구든지 하나님을 사랑하노라 하고 그 형제를 미워하면 이는 거짓말하는 자니 보는 바 그 형제를 사랑하지 아니하는 자는 보지 못하는 바 하나님을 사랑할 수 없느니라"(요일 4:20)고 말한다. 이는 교회 공동체 형제들과의 사귐은 하나님과 사귐의 반영이라는 뜻이다. 형제를 제 몸처럼 사랑하려면 형제들은 서로 각자가 그리스도와 한 몸을 이루어야 하며, 그 가운데 형제를 그리스도의 몸에 연합된 존재라는 차원에서 제 몸처럼 사랑하게 되는 것이다.

☞ **연합의 정의**

연합이란 성령님에 의하여 그리스도와 한 몸을 이루어 그리스도를 소유하게 되는 것이다. 이 연합은 같은 신앙고백을 하는 형제들과의 사귐으로 나타난다. 그리고 여기서 그리스도를 마음과 뜻과 힘과 지혜와 목숨을 다해 사랑하는 사랑 안에서 형제를 제 몸처럼 사랑할 수 있게 된다.

분별은 개념이다

11

선택

11
선택

성경에서 구원과 관련한 핵심 용어는 '선택'이다. 구약에서 하나님은 그의 백성들을 선택하시고 구원하시고 구별하신다. 신약에서도 이런 사상은 그대로 나타난다. 그런데 기독교 신앙에서 사람들의 마음을 제일 거스르는 용어가 바로 '선택'이다.

이 용어 속에는 하나님이 인간의 자율을 제한한다는 것이 사람들의 마음을 불편하게 한다. 왜 하나님은 우리의 동의 없이 우리를 창조하시고 하나님 마음대로 누구는 선택하시고 누구는 선택하지 않으셨는가? 우리는 왜 스스로 구원을 선택할 자유가 없다고 하는가가 우리의 심기를 불편하게 만든다. 바로 이 때문에 선택이라는 용어는 대부분의 사람들에게 불편하게 여겨진다. '선택'이라는 용어에 대한 이런 반감 어린 반응은 상식적으로 납득이 된다. 그러나 이 용어를 바르게 이해한다면 이 용어만큼 성경에서 복된 용어가 없다는 데 동의할 수밖에 없다.

실제로 어거스틴을 비롯한 우리의 영적 거인들은 이 용어야말로 가장 은혜로운 교리라고 가르쳤다. 왜냐하면 이 용어 안에 구원의 확신과 값없이 주시는 은혜, 하나님의 자비, 사랑, 경외심 등이 내포되어 있기 때문이다. 무엇보다 이 선택의 교리를 바르게 이해하지 않고서는 결코 '오직 은혜'라는 표현을 제대로 이해할 수 없다. 칼빈은 다음과 같이 말했다.

하나님의 영원한 선택을 알기까지는 우리는 우리의 구원이 하나님의 값없이 베푸시는 자비의 원천에서 흘러나온다는 것을 결코 충분하고 분명하게 확신하지 못할 것이다.

이제 우리는 선택이라는 용어를 이해하기에 앞서 이 용어가 정말 성경적인 용어인지부터 살펴보자. 왜냐하면 상당수의 사람들은 '선택'의 교리가 성경에 근거한 것이 아니라 칼빈이라는 신학자가 만들어낸 교리라고 이해하기 때문이다. 그러나 이런 주장은 에베소서의 몇 구절만 살펴본다고 하더라도 쉽게 반박이 가능하다.

"그 기쁘신 뜻대로 우리를 예정하사 예수 그리스도로 말미암아 자기의 아들들이 되게 하셨으니" (엡 1:5)

"그 뜻의 비밀을 우리에게 알리셨으니 곧 그 기쁘심을 따라 그리스도 안에서 때가 찬 경륜을 위하여 예정하신 것이니" (엡 1:9)

"모든 일을 그 마음의 원대로 역사하시는 자의 뜻을 따라 우리가 예정을 입어 그 안에서 기업이 되었으니" (엡 1:11)

'선택'이라는 용어가 성경에 이렇게 분명히 언급되었다고 해도 어떤 사람은 이 예정이 '예지(豫知/미리 아심)가 원인이 된 예정'이라고 반박하는 사람도 있다. 이에 대해 칼빈은 "우리가 예정과 예지를 다 하나님 안에 두지만, 그 중 하나를 다른 하나에 종속시킨다는 것은 어리석은 짓이라고 생각한다"고 주장한다. 다시 말해서 '예지 예정'이나 '예정 예지'가 아니라는 말이다. 이런 주장은 어떤 식으로든 하나님의 신적 속성에 흠을 낸다. 왜냐하면 하나님께서 예지에 의해 예정을 하신다거나, 예정에 의해 예지한다는 말속에는 하나님께서 어떤 식으로든 다른 어떤 것에 종속되어 있다는 주장이기 때문이다. 하나님이 예정했기 때문에 예지가 가능하다거나, 예지했기 때문에 예정이 가능하다는 말속에는 하나님이 예지에 예정을 제한받는다거나, 혹은 예정에 의해 예지를 제한을 받는다는 의미를 내포한다는 말이다. 전능하신 하나님은 어떤 식으로든 자신의 전능성을 제한받지 않으신다.

그러면 선택과 관련하여 예정을 어떤 식으로 이해해야 한다는 말인가?

선택을 올바로 이해하려면 우리는 시간에 대한 성경의 관점을 먼저 바르게 이해해야 한다. 대부분 사람들은 하나님의 예정과 선택을 우리가 가지고 있는 시간의 관점으로 이해하면서 혼란에 빠진다. 즉 하나님의 예정과 선택을 '앞으로 일어날 일을 미리 작정해 두고 선택하심'이라고 이해한다.

그러나 하나님의 예정과 선택은 우리의 시간 관점에서는 이해할 수 있는 개념이 아니다. 예정과 선택은 영원(永遠)에서 모든 시간을 한 순간에 창조하신 결과로 이해해야 한다. 영원은 시간의 개념이 아니다. 따라서 영원의 세계에서 과거나 현재나 미래는 의미가 없다. 이것은 시간이라는 피조세계 안에서 이해하는 개념일 뿐이다.

따라서 칼빈은 예정을 다음과 같이 설명한다.

하나님께 예지가 있다는 것은, 만물이 언제나 하나님이 보시는 가운데 있었고 영원토록 그런 상태에 있을 것이므로 하나님의 지식으로서는 미래나 과거에 속한 것이 없고 모든 것이 현재라는 의미이다.

이 말의 의미를 잘 이해해야 한다. 이 말은 예정과 선택이 기계적으로 결정되었다는 것이 아니다. '하나님의 작정과 선택은 우리의 모든 현재에서 가장 선한 뜻을 성취하는 가운데 공의롭고 선하게 완전히 승리하셨다'는 뜻이다. 따라서 인류 역사는 선과 악의 대립이 아니다. 불의와 거짓과 악이 하나님의 선한 의지와 공의에 의하여 철저히 패배한 역사라는 뜻이다. 이런 차원에서 예정과 선택을 이해한다면, 하나님은 당신의 맘대로 누구는 선택하고 누구는 선택하지 않으셨다는 것 정도의 단순한 이해가 불가능하다. 우리가 이해할 수 없는 공의와 선함과 사랑이 내포된 가운데 이 모든 일이 일어난 것이다. 예정의 이러한 사실을 이해한 사도 바울은 "우리가 알거니와 하나님을 사랑하는 자 곧 그의 뜻대로 부르심을 입은 자들에게는 모든 것이 합력하여 선을 이루느니라"(롬 8:28)고 가르친 것이다.

그리고 이렇게 영원이라는 시점에서 모든 시간을 창조하셨기 때문에 이 예정을 "영원한 작정"(God's eternal decree)이라 부른다. 이 말은 하나님의 작정하심이 시간의 어떤 시점이 아닌 영원의 시점에 의한 작정이라는 뜻이다. 따라서 하나님의 작정은 영원 가운데 이미 역사 전체가 창조되었다는 점에서 우리 피조물에겐 미리 예정된 것이다. 그럼에도 불구하고 영원하신 하나님의 관점에서는 분명히 현재로 존재하는 작정이 된다.

이렇게 설명을 해도 예정과 선택이라는 용어가 마음에 불편하게 여겨질 사람들은 많을 것이다. 그 이유는 예정과 선택의 교리 안에는 인간의 선택이 무시되고 하나님의 일방적인 선택이 내포되어 있기 때문이다. 타락한 인간은 자신이 인생의 주인이 되길 바라고, 자기가 선택하고 결정한 대로 살기 원한다. 그래서 내가 하나님을 선택하는 것이 하나님이 나를 선택한 것보다는 공정하다고 생각한다.

실제로 기독교를 제외한 모든 종교는 인간이 신(god)을 선택한다는 개념을 가지고 있다(물론 상당수의 기독교인들도 자신이 기독교를 선택했다고 착각한다). 고대시대의 종교를 보면 자기의 욕망과 필요에 의해 특정한 신을 선택하기도 하고 버리기도 한다. 혹은 빼앗기기도 한다. 이 때문에 고대시대에는 전쟁에서 승리한 나라는 적국의 신상을 자기의 것으로 노획하고 섬기기도 한다. 종교는 인간이 신을 선택하는 행위이지 신이 인간을 선택하는 것이 아니라고 생각하는 것이 이방 종교의 기본적 인식이다.

그러나 종교를 이렇게 인간이 신을 선택하는 것이라고 생각하면 아주 치명적인 문제가 발생하게 된다. 그것은 구원을 보장받을 수 없다는 점이다. 인간이 선택하고, 인간이 구원을 잡았다면, 그 구원은 인간의 연약함에 의해 상실할 수 있다는 결론이다. 마치 낭떠러지에서 떨어지는 아이가 자기 손으로 나무뿌리를 잡았다고 한다면 그 아이의 구원은 그 나무뿌리가 결정하는 것이 아니라, 그 아이의 손아귀 힘이 결정하는 것과 같다. 만일 이 아이에게 손아귀 힘이 다 떨어지면 그 나무뿌리는 아무런 도움을 주지 못한다. 이것이 인간이 신을 선택했을 때 나타나는 구원의 상관관계다. 그러나 신이 인간을 선택하고 구원하셨다면 상황이 다르다. 신의 전능한 손길에서 우리를 끊을 자가 없다. 우리는 안전할 수밖에 없다.

다시 신이 인간을 선택했는가, 아니면 인간이 신을 선택하느냐의 문제로 돌아가서 좀 더 본질적인 부분을 생각해 보자.

선택의 문제는 단순히 감정의 문제가 아니다. 이 문제는 신과 인간의 주종(主從) 문제와 직결된다. 우리가 조금만 생각하면 알 수 있는 것처럼 선택하는 자는 선택받은 자의 주인이 된다. 예외 없이 종이 주인을 선택하지 않고, 주인이 종을 선택한다. 손님이 물건을 선택하지, 물건이 손님을 선택하지 않는다. 따라서 비록 종교에서 신이라는 호칭을 붙였다고 하더라도 인간이 신을 선택한다는 구조는 인간이 신의 주인 노릇을 하겠다는 모순에 불과하다. 마치 알라딘이 마술램프를 선택하면 램프에서 나온 전능한 요정은 램프를 선택한 사람의 종이 되는 것과 같다. 이것이 오늘날 교회 안에서도 만연된 사고다. 따라서 내가 신을 선택했다고 하는 사람들은 신의 뜻을 찾고 신의 뜻에 맞추는 것을 몹시 불편하게 생각한다. 이들은 내 뜻을 신에게 알리고 신은 자신을 위해 봉사하는 것이 마땅하다고 본다.

그러나 성경은 하나님이 인간을 선택했다고 가르친다.

이 가르침은 하나님이 주인이라는 관계를 말해준다. "사랑은 여기 있으니 우리가 하나님을 사랑한 것이 아니요 하나님이 우리를 사랑하사 우리 죄를 속하기 위하여 화목 제물로 그 아들을 보내셨음이라"(요일 4:10)고 한다. 이것이 예정과 선택 교리의 핵심이다.

그러나 이렇게 하나님이 인간을 선택했다고 하면, 인간은 무기력해진다. 내가 신을 선택할 권한이 없다면, 신이 나를 지옥에 보낼 권한도 없다고 반발한다. 어찌 보면 이런 반발은 합리적으로 보인다.

그러나 이런 주장은 모든 사람들이 다 지옥에 갈 수밖에 없는 상태로 태어난 존재라는 사실을 전제에 둔다면 상황이 달라진다. 쉽게 말해서 모든 사람들이 다 굶어 죽을 수밖에 없는 나라가 있다고 하자. 이런 상황에서 빵을 가진 사람이 특정한 사람에게만 빵을 준다고 했을 때, 그것은 잘못이 아니다. 도리어 빵을 주지 않아도 되는 상황 속에서 특정한 사람에게 빵을 줬다면 그것은 감사해야 할 노릇이고 빵의 혜택을 받은 사람들을 부러워해야 할 노릇이다.

이렇게 말한다면 사람들은 당연히 하나님의 사랑과 전능성을 들먹일 것이다. 즉 사랑이 많으시고 전능하신 하나님은 왜 모든 사람들에게 긍휼을 베푸시지 않으시는가? 하나님은 전능하시기에 모든 사람을 다 선택하실 수 있다. 또 그 하나님이 사랑이 많으시니 모든 사람을 다 선택하시는 것이 사랑이 아니냐고 생각한다.

이 주장 속에는 한 가지 중요한 사실을 망각하고 있다. 그것은 모든 사람에게 긍휼을 베푸시게 되었을 때, 사람들은 하나님의 사랑과 긍휼히 여기심을 감지할 수 없다는 점이다. 이는 마치 태어날 때부터 모든 자녀들이 부모의 사랑으로 먹을 것과 입을 것과 공부에 필요한 것, 기타 다양한 것을 공급받으면서도 그 감사를 모르는 것과 같다. 실제로 하나님은 모든 사람들에게 이른 비와 늦은 비를 주시고, 악인과 선인에게 해를 비추신다. 그러나 아무도 하나님께 감사할 줄 모른다. 너무도 당연한 것으로 여긴다. 왜냐하면 하나님께서 모든 사람들에게 차별 없이 은혜를 주시기 때문이다. 이런 차원에서 선택의 교리는 하나님의 자비와 사랑을 온 세상이 감지하도록 하시는 하나님의 지혜로 이해해야 한다.

이렇게 아무리 설득을 하더라도 선택 교리를 비난하는 사람들에게 우리는 한 가지 질문을 던질 필요가 있다. 그것은 그 선택의 성질을 바르게 이해하여도 하나님께 불만을 토로할 수 있겠는가 하는 것이다. 성경이 가르치는 선택은 단순히 죄인들을 낙원으로 보내는 것이 아니다. 하나님과 이웃을 위해 자신을 희생하고 십자가를 지는 봉사자(예배자)로 부름을 의미한다. 의를 위해 핍박받은 선택이고, 십자가를 지는 선택이며, 그리스도의 거룩한 삶을 위한 선택이다. 이 때문에 바울은 "그리스도를 위하여 너희에게 은혜를 주신 것은 다만 그를 믿을 뿐 아니라 또한 그를 위하여 고난도 받게 하려 하심이라"(빌 1:29)고 가르친다.

하나님의 선택이 이런 성격을 가진 것이라고 해도 불평할 것인가? 그렇다면 주님께 자신을 선택해 달라고 기도하라. 그러면 그 선택에 참여하게 될 것이다. 왜냐하면 누구든지 주의 이름을 부르는 자는 구원을 얻을 것이기 때문이다(행 2:21).

성경은 분명히 하나님의 작정과 선택을 단순히 낙원에 보내기 위한 선택이 아니라고 가르친다. 낙원의 경작자로 부르신 선택이라고 가르친다. 하나님과 이웃을 위해 고난을 받고, 십자가의 군사로 살도록 부른 것이다. 만일 하나님의 사랑과 전능성을 운운하며 하나님께 책임을 추궁하려는 사람이 있다면, 그는 당연히 하나님과 이웃을 섬기도록 부르신 것에 대한 정당성도 인정해야 마땅하다. 그러나 하나님과 이웃을 위한 섬김은 싫어하면서 모든 사람들이 다 천당의 혜택을 주지 않으신 하나님을 향하여 불만을 갖는다면 이런 태도는 아주 이기적인 태도일 뿐이다.

이런 불경스러운 태도는 '선택'이라는 용어가 얼마나 신적인 것인지 납득하지 못한 데서 기인한다. 선택이라는 용어는 자율성의 문제 이전에, 여호와만이 신이요, 우리는 그의 피조물에 불과하다는 것을 인정해야 한다는 당위성을 선포하는 개념이다.

예를 들어서 어느 누구도 태어날 시기, 인종, 나라, 부모를 스스로 선택한 사람은 없다. 이러한 선택의 문제는 더 나아가 배우자의 문제, 자녀를 낳는 문제, 학교와 직장을 선택하는 문제 등이 자기 뜻대로 되지 않는다는 점에서도 나타난다. 문제는 이런 문제가 하나님의 주권에 있다는 것을 인정하지 않는 데 있다. 그 결과 이 시대는 사람이 스스로 자기의 성별을 선택할 수 있다고 가르치며 성전환 수술을 정당화한다. 또 아이의 성별도 부모가 결정할 권리가 있다고 주장하며 낙태를 정당화한다. 사회에서 일어나는 수많은 범죄들은 하나님께서 정하신 선택을 인간이 할 수 있다고 억지를 부리는 데서 시작된다. 영혼의 구원 문제뿐만 아니라, 삶의 모든 영역에서 하나님의 선택과 주권을 인정하고 자족하는 것이 신앙이다.

여기서 우리는 하나님의 예정과 선택의 문제를 자칫 운명론적으로 이해하지 않도록 해야 한다. 우리의 생각이 여기서 멈춘다면 대부분 '운명론'에 빠지고 만다. 다시 말해서 팔자타령하면서 '팔자가 좋지 않기 때문에 이렇게 살 수밖에 없다'고 체념하게 된다는 말이다. 그러나 성경이 가르치는 하나님의 '선택' 교리는 이런 '운명론'과는 다르다. 하나님의 선택은 운명이 아니라 '예정'의 관점에서 이해해야 한다.

선택이 예정과 관련을 맺고 있다는 말은 매우 중요한 사실을 말해준다. 그것은 우리의 선택이 운명론처럼 '비인격적인', 혹은 '기계적인' 팔자 놀이가 아니라는 말이다. 예정이라는 말속에는 인격적인 신의 선한 계획이 내포되어 있다. 하나님의 선택이 선한 목적과 의지를 내포하고 있다는 말이다. 단순히 기계적으로 선택받으면 천국 가고, 선택을 받지 못하면 지옥 간다는 단세포적 개념이 아니다.

그러면 예정 안에서 선택하신 목적이란 무엇인가?

에베소서 1장 5-6절의 말씀을 보자.

"그 기쁘신 뜻대로 우리를 예정하사 예수 그리스도로 말미암아 자기의 아들들이 되게 하셨으니 이는 그가 사랑하시는 자 안에서 우리에게 거저 주시는 바 그의 은혜의 영광을 찬송하게 하려는 것이라" (엡 1:5-6)

여기서 '찬송'으로 번역된 헬라어 '에파이노스'는 문맥적 의미로 볼 때, '공동체의 고백으로서의 예배'를 의미한다. 다시 말해서 하나님의 선하신 예정과 선택의 목적은 바로 '예배'하게 하는 데 있다는 말이다. 이것을 다른 말로 '거룩함'이라고도 한다.

칼빈은 『기독교 강요』에서 "거룩함이 선택의 원인이 아니라 결과"[25]라고

---

25) 기독교 강요 Ⅲ. 22. 3.

표현했는데, 이는 거룩한 삶이 구원의 조건이 아니라 구원받은 자의 표징이라는 뜻이다. 여기서 우리는 하나님의 선택은 조건이 없지만, 그렇다고 해서 선택의 목적까지 없는 것이 아님을 알 수 있다. 선택에는 분명한 목적이 있다. 그것은 우리를 거룩한 예배자로 살도록 하는 데 있는 것이다.

이 말은 하나님의 선택받은 자의 외적 표징은 예배자로 사는 것이어야 한다는 말이다. 따라서 우리가 하나님의 선하신 목적(거룩한 예배자=예배자로 헌신됨)에 부합한 삶을 사느냐가 구원을 확신하는 시금석이 된다. 왜냐하면 목적은 선택보다 더 상위 개념이고, 더 궁극적 개념이기 때문이다. 따라서 우리의 인생이 하나님의 선택 목적에 부합한 삶을 살게 되었다면 그는 분명히 구원받은 사람이라고 확신할 수 있다. 반대로 자신의 삶이 하나님의 선택하시는 목적과 부합한 삶이 나오지 않는다면 그는 아직 구원을 받았다고 확신할 수 없다.

이런 선택의 문제는 구원의 문제만이 아니라, 우리의 일상적인 모든 면에 그대로 적용된다.

앞에서 언급한 것처럼 우리의 일상적인 모든 것은 우리가 선택한 결과가 아니라 하나님의 선택의 결과라고 했다. 우리는 언제, 어디서, 누구에게, 어떻게 태어날 것을 결코 선택할 자유가 없다. 우리는 스스로 남자로 태어날 것인지, 여자로 태어날 것인지, 좋은 머리와 큰 키로 태어날 것인지, 아름다운 외모를 가지고 태어날 것인지, 어떤 인종으로 태어날 것인지 선택할 수 없다. 또한 결혼해서 남자 아이를 가질 것인지, 여자 아이를 가질 것인지, 혹은 머리 좋고 잘 생긴 건강한 아이를 날 것인지 선택할 자유도 없다. 인정하기 싫지만 학교나 직장, 배우자도 우리 마음대로 선택할 수 없다. 이 모든 것은 하나님의 선택의 결과일 뿐이다.

그렇다면 우리는 이 모든 것을 선택하시는 하나님의 뜻에 관심을 가져야 한다. 이것이 우리가 인생에서 던져야 가장 본질적인 질문이다. 이 질문의 대답은 분명하다. 하나님의 우리를 거룩한 예배자로 살도록 하기 위해서다.

우리는 자신의 처지와 위치와 환경 속에서 하나님과 이웃을 위해 충성된 종으로 살아가도록 부름 받은 것이다. 이것이 바로 예배다. 예배란 공적 예배를 통해 하나님의 뜻을 깨닫고(1-4계명), 삶 속에 그 명령을 따라 살아가는(5-10계명) 전 과정을 뜻한다. 이는 마치 아담이 에덴동산에서 하나님의 음성을 듣고, 그 들은 말씀을 삶 속에 순종하고 실행함으로써 에덴을 낙원으로 경작해 나간 것과 같다.

이것을 다른 말로 소금과 빛의 역할이라고 한다. 이것이 신자와 불신자가 인생을 해석하는 근본적인 차이다. 불신자들은 오로지 자신의 행복과 만족만을 위해 모든 것을 스스로 선택한다. 그러나 복음을 깨달은 그리스도인들은 우리의 모든 여건과 환경이 거룩과 예배를 위해 하나님께서 친히 선택하여 주신 것들이라고 본다. 그리고 이런 하나님의 모든 선택 행위는 지극히 선함을 우리는 믿는다.

구원만 하나님의 주권적 선택으로 이해할 문제가 아니다. 우리에게 주어진 모든 것(인간관계, 인종, 돈, 명예 등)이 하나님의 주권적 선택의 결과라고 보아야 한다. 그리고 이 모든 하나님의 주권적 선택 행위에 대하여 우리가 자기중심적으로 반응할 것인가, 아니면 하나님 중심적으로 반응할 것인가에 의하여 참 신앙과 거짓 신앙으로 구별된다. 양과 염소로 구별된다.

우리는 하나님의 주권적 선택 행위에 대하여 감사하며 헌신과 충성을 다함으로써 하나님을 영화롭게 하는데 관심을 가져야 한다. 이것이 예정과 직접적인 관련을 맺고 있는 선택에 대한 올바른 이해다.

☞ **선택의 정의**

선택이란 하나님의 선하신 뜻을 위해 죄인들을 멸망에서 건져내시고 부르신 하나님의 행위이다. 이 선택을 통해 신자는 예배자의 삶을 살게 된다.

분별은 개념이다

12

소명

12
소명

종교개혁의 가장 중요한 핵심은 '오직 말씀'(sola scriptura)이다. 개혁자들은 신앙의 핵심을 어떤 신비적 체험이나 종교 행위보다는 '말씀에 대한 반응'이라고 보았다. 기독교 신앙에서 말씀은 신앙의 전부라고 해도 과언이 아니다. 하나님은 말씀으로 세상을 창조하시고 말씀으로 자신을 계시하셨다. 신자는 말씀을 통해 구원받고, 말씀으로 영적 생명을 유지한다. 그리고 말씀을 통해 분별하고 신앙이 자란다. 말씀을 뒤로하면 기독교는 더 이상 기독교일 수 없다. 성경을 비롯한 교회사는 말씀을 떠난 신비한 체험, 치유, 변화, 부흥, 성장은 미혹의 영이었음을 가르쳐준다. 이처럼 기독교 신앙에서 말씀은 절대적인 위치를 차지한다.

그러나 오늘날 상당수의 기독교인들은 신앙이 말씀을 통해 시작된다는 것을 제대로 이해하지 못하고 있다. 물론 신앙이 말씀을 통해 시작된다는 말을 머리로 이해하는 사람들은 많다. 기독교 신앙이 교육과 관련을 맺고 있는 것은 어느 정도 맞는 말이다. 그러나 개혁자들이 주장하는 '오직 말씀'은 교육으로 기독교인을 만들 수 있다는 뜻이 아니다.

오늘날 사람들이 흔히 생각하는 것처럼 특정한 교육과정을 거치면 믿음이 들어가고 성숙한 신자가 된다고 생각하는 것은 개혁파 신앙의 관점이 아니다. 토마스 아퀴나스[Thomas Aquinas]는 교육을 통해 이성을 납득시키면 얼마든지 구원을 받게 할 수 있다고 보았다. 인간의 타락은 인정하지만, 이성까지 타락하지 않았다고 생각했기 때문이다. 그래서 그는 신앙과 이성을 모순의 관계로 보는 우리와 달리, 조화와 일치의 관계로 보았다.[26]

이런 관점을 '스콜라주의'(Scholasticism)라고 한다. 스콜라주의란 이성적 합리성으로도 얼마든지 신학을 할 수 있다는 관점이다. 이런 관점을 버리지 못한 학자들이나 목회자들은 기도보다는 공부나 교육에 더 많은 비중을 둔다. 이는 루터가 성경 연구하기 가장 좋은 시간에 기도를 했다는 태도와 극명한 대조를 이룬다. 물론 아퀴나스는 철학과 신학을 명백히 구분했다. 그러나 신학이나 철학이 진리를 추구한다는 차원에서 본질적으로나 근본적으로 다르지 않다고 보았다.[27] 신학은 계시(성경)를 통해 진리를 추구한다면, 철학은 이성의 합리성을 통해 진리를 추구하는 정도의 차이만 있다고 본 것이다.

이런 관점은 오늘날 개혁파 교회 안에 그대로 스며들어왔다. 물론 신학적 방법론은 토마스 아퀴나스의 신학이 아닌 개혁파 신학을 추구한다. 하지만 심적으로 기대하는 대상은 성령의 조명이 아니라, 이성이라는 것이 문제

---

26) 윤병운, 『서양철학사』 (리빙북, 2001), 243.

27) Ibid.

다. 그러나 존 머레이의 가르침처럼 "소명은 하나님의 사역이며 그것도 단독적 사역"이다.[28] 하나님의 말씀을 선포할 때 성령의 조명이 없으면 강단의 설교에서 '효력 있는 부르심'(유효 소명/effectual calling)을 기대할 수 없다.

물론 대부분의 교회는 원론적으로 이런 신학적 관점을 부정하지는 않는다. 그러나 정작 설교나 가르침에 성령의 강력한 조명이 일어나기를 기도로 강력하게 열망하지 않는다. 그렇다면 이것은 가르침과 실천에 불일치라고 볼 수밖에 없다.

과거 개혁자들이나 청교도들은 설교에 효력 있는 부르심이 나타나길 소망하며 몸이 부서지도록 기도했다. 물론 청교도들과 개혁자들은 설교가 지식과 논리와 설득의 요소가 있다는 점을 잊지 않았다. 그러나 정작 죄인들을 각성하게 하고 그리스도인을 만드는 것은 성령의 단독적 사역이라는 점에 방점을 찍었다. 이것을 로이드 존스 목사는 설교를 "불붙은 논리"(Logic on fire)라고 했다. 다시 말해서 설교자의 입술을 통해 선포되는 말씀이 효력 있는 부르심이 되기 위해서는 성령의 강력한 역사가 필수적이라는 말이다.

이러한 사실은 웨스트민스터 소교리문답 31문에서 아주 잘 가르쳐준다. 소교리문답 31문은 "효력 있는 부르심은 무엇인가"라고 질문한다. 이에 대한 답변은 다음과 같다.

---

28) 존 머레이, 117.

효력 있는 부르심은 하나님의 영이 하시는 일로서 우리의 죄와 비참을 깨닫게 하시고, 또 우리의 마음을 밝혀 그리스도를 알게 하시며, 우리 의지를 새롭게 하시고, 능히 우리를 권하여 복음 가운데서 우리에게 값없이 주신 예수 그리스도를 믿도록 하신 것이다.

그러면 성령께서 어떻게 설교자의 설교를 사용하여 죄인들에게 효력 있는 부르심(effectual calling)이 일어나도록 한다는 말인가?

일차적으로는 교리적으로 올바른 말씀이 선포되어야 한다. 거짓된 가르침에 효력 있는 부르심이 일어나지 않는다. 설교자는 자신의 설교를 통해서 회중들에게 효력 있는 부르심이 일어나도록 하기 위해 교리적으로나 신학적으로 철저히 준비해서 선포해야 한다. 그다음엔 성령께서 자신의 설교를 사용해 주시도록 간절한 기도로 힘써야 한다. 청교도들은 이를 위해 설교하기 전에 최소한 한 시간 이상 기도로 씨름했다고 한다. 중세시대의 세례 요한이라 불렸던 기롤라모 사보나롤라는 대여섯 시간을 간절한 기도에 힘쓰고 강단에 섰다고 한다.[29] 이런 기도를 통해서 설교는 성령께서 "효력 있는 부르심"의 수단으로 사용되었다.

설교자의 설교가 성령님에 의해 효력 있게 부르시는 방식은 사도 바울이 두아디라에서 루디아에게 복음을 전했던 사건에 잘 나타납니다. 사도행전 16장에서 바울은 마게도냐로 복음을 전하러 가는 도중에 루디아라 하는 여

---

29) 김남준, 『기롤라모 사보나롤라』 (솔로몬, 1998), 95.

자에게 복음을 전한다. 14절을 보면 사도행전의 기자는 "루디아라 하는 한 여자가 말을 듣고 있을 때 주께서 그 마음을 열어 바울의 말을 따르게 하신지라"고 기록한다. 이런 동일한 사건이 누가복음 24장 45절에서도 언급된다. 예수님께서 부활하신 후에 제자들에게 나타나 말씀을 전하실 때, 성령님은 "그들의 마음을 열어 성경을 깨닫게" 하셨다. 설교자가 말씀을 증거하지만 그 마음을 여시는 분은 성령님이시다. 설교자가 아니다. 성령님은 마음을 여시고 성경을 깨닫게 하며, 가르침을 따르게 하신다. 이렇게 하여 설교가 회중에게 효력 있는 부르심으로 사용된다.

그런데 이런 일이 설교를 듣는 모든 사람들에게 일어나는 것이 아니다. 하나님께서 택한 백성들에게만 효력 있게 하신다. 수십 명, 수백 명, 수천 명, 더 나아가 수만 명이 강력한 설교를 듣더라도 모두에게 효력이 나타나는 것은 아니다. 바울이 "미리 정하신 그들을 또한 부르시고"(롬 8:30)라고 가르친 것처럼 주님께서 선택한 사람에게만 말씀은 효력이 나타난다. 그 택한 사람이 누군지 알 수 없다. 성경이 우리에게 알려주는 점은 심령이 가난한 자, 간절히 사모하는 자, 주의 이름을 부르기 위해 구하고 찾고 두드리는 자가 그 범주 안에 있다고 한다. 이들에게 복음은 효력 있는 부르심으로 작용한다. 신자는 복음의 효력이 누구에게 언제 나타날지 모르더라도 때를 얻든지 못 얻든지 전파해야 한다(딤후 4:2). 때와 시기는 아버지께서 자기의 권한에 두셨으니 우리가 알 바 아니다(행 1:7).

여기서 복음을 전하고 회중들이 듣게 되는 것을 '소명'(召命), 혹은 '부르심'

이라 한다. 영어로는 'Calling', 혹은 'effectual calling'(효력 있는 부르심)이라고 한다. 간혹 사람들은 '소명'을 단순히 구원으로 초대 받음 정도로만 이해한다. 그러나 이 용어는 좀 더 강력한 의미를 가진다. '소명'에 해당하는 한자가 '부를 소(召)'와 '목숨 명(命)'을 사용한다는 점이 이를 잘 보여준다. 한자를 직독하면 "생명을 부름"이라고 할 수 있다. 이 용어의 사전적 의미는 '하나님의 일을 하도록 하나님께 부름 받음'이라고 되어있다. 이 의미는 신학적으로나 성경적으로 명확한 표현이다.

소명의 이런 관점을 명확하게 이해하기 위해 우리는 창세기부터 살펴보아야 한다.

창세기는 인류가 어떻게 소명이 필요한 상태가 되었는지 아담과 하와의 범죄 사건을 통해 설명해 준다. 최초의 인류였던 아담과 하와는 본래 하나님의 통치 대리인으로 경작(예배) 하도록 창조되었다. 그러나 그들은 그 임무를 망각했다. 하나님을 예배하는 예배자의 삶을 거부하고 자기만족적 삶을 사는 것을 선택했다. 소명은 복음을 들은 사람들에게 옛 아담에게 부여되었던 예배자의 삶으로 돌아올 것을 요구한다.

그러므로 구약부터 하나님의 선택은 단순히 천국 백성이 되어서 행복하게 사는 데 초점이 맞춰지지 않는다. 하나님의 선택은 하나님 나라 경작자로 부름 받은 사건이다. 이런 사실은 신약에서 구원을 품꾼으로 부름 받음, 충성된 종으로 부름 받음, 군사로 부름 받음 등으로 표현하고 있다는 점에서 쉽게 알 수 있다. 하나님께서 아브라함을 선택하신 것도, 죄악으로 관영한 가나안 땅을 심판하고 그 땅에 하나님의 나라를 세우는 데 있었다(창 15:16).

소명이 하나님을 향한 봉사자(예배자)로서 부름이라는 사실은 출애굽기의 모세에게서도 선명하게 나타난다. 모세가 광야에서 떨기나무 가운데 하나님을 만난 사건은 하나님께 대한 봉사를 위한 부름이었다. 그의 임무는 이스라엘 백성들을 애굽에서 이끌어 가나안 땅 입구까지 인도하는 것이었다. 모세의 임무가 끝나자 그 자리는 여호수아로 대치된다. 여호수아는 가나안 땅을 정복하여 가나안 족속들의 죄를 심판하고 하나님의 통치를 구현하도록 부름 받았다. 여호수아의 임무는 후대 이스라엘 왕으로 이어진다. 이 연속선상에서 왕들이 하나님의 소명을 거역하고 우상숭배에 빠지면 하나님의 징계와 심판을 받게 된다. 우상숭배에 빠졌다는 말을 단순히 종교적 문제로만 이해하면 곤란하다. 이 문제는 소명에 대한 망각을 의미한다. 소명에 대한 망각은 항상 우상숭배나 타락으로 나타난다. 창세기의 사건으로 생각한다면, 하나님께 대한 봉사(예배)를 거부하고 옛 아담과 하와의 모습으로 회귀(回歸) 한 것이다. 때문에 소명에 합당한 삶을 거부한다면 그 자체로 이방인처럼 취급되며, 그 땅에서 토해지게 된다(레 18:28)[30].

소명이 단순한 구원으로의 초청만이 아니라, 하나님께 대한 봉사(예배)로 부름 받은 사건이라는 사실은 선지자 이사야의 회심 사건에서 더욱 잘 나타

---

30) "너희도 더럽히면 그 땅이 너희가 있기 전 주민을 토함 같이 너희를 토할까 하노라" (레 18:28)

난다. 선지자 이사야의 회심 사건은 이사야 6장에 나온다. 이사야는 성전에서 스랍들의 찬양소리와 함께 하나님의 영광을 목도(目睹)한다(사 6:3). 이사야는 그 자리에서 자신의 비참을 깨닫는다. 그리고 "화로다 나여 망하게 되었도다 나는 입술이 부정한 사람이요 나는 입술이 부정한 백성 중에 거주하면서 만군의 여호와이신 왕을 뵈었음이로다"(사 6:5)라는 탄식과 함께 제단 숯불로 입술이 정화되면서 "네 죄가 사하여졌느니라"(사 6:7)는 사죄의 선언을 듣는다. 그의 회심은 여기서 그치지 않고 즉시 소명으로 반응한다. 그는 여호와께서 "내가 누구를 보내며 누가 우리를 위하여 갈꼬"라는 탄식소리를 듣게 되고, 곧바로 "내가 여기 있나이다 나를 보내소서"라고 반응한다(사 6:8). 그 순간부터 이사야는 하나님께 대한 봉사자(예배자)로 인생을 살아가게 된다.

신약으로 넘어가서 소명의 문제를 살펴보자.

마태복음 20장에 나온 포도원 품꾼 비유는 '소명'이 무엇인지 잘 보여준다. 예수님은 천국이 "마치 품꾼을 얻어 포도원에 들여보내려고 이른 아침에 나간 집 주인과 같으니"(1절)는 말씀을 통해서 하나님의 선택이 바로 품꾼을 부르시는 소명 사건임을 가르치셨다.

이런 강조점은 마태복음 24장에서 마지막 심판에 대한 예수님의 가르침에서 더욱 명확하게 나타난다. 우리가 잘 알고 있는 것처럼 마태복음 24장은 마지막 심판 때에 일어날 일에 대한 가르침이다. 이 부분을 일명 '소묵시록'이라 한다. 여기서 예수님은 마지막 때의 징조를 예언하신 후에 제자들에게 주님의 심판이 어떤 기준으로 이루어질 것인지 크게 네 가지로 가르치셨다. 첫째는 "준비하고 있으라"(마 24:44)는 것이고, 둘째는 "충성되고 지혜로운 종이 되라"(마 24:45)는 것이다. 하나님의 마지막 심판은 준비되지 않은 사람과 지혜로 충성되지 않은 사람에게 임한다는 말이다. 이 핵심을 이해시키기 위해 예수님은 네 개의 비유를 언급하셨다. 첫째는 충성된 종과 외식하는 종(마 24:45-51), 둘째는 열 처녀 비유(25:1-13), 셋째는 달란트 비유(14-30), 그리고 마지막 넷째는 양과 염소 비유(31-46)다. 이 네 개의 비유는 종말에 심판하시는 하나님의 두 가지 핵심을 독특한 방식으로 경계시키고 있다.

먼저 충성된 종과 외식하는 종에 대한 비유를 보자. 이 가르침은 주인이 종에게 준 임무를 충실하고 성실하게 수행한 사람만 구원을 받을 것이라 가르친다. "주인이 올 때에 그 종이 이렇게 하는 것을 보면 그 종이 복이 있으리로다"(마 24:46)라고 한다. 그러나 악한 종들은 "주인이 더디 오리라"(48절) 생각하여 점차 소명을 망각하여 "동료들을 때리며 술친구들과 더불어 먹고 마시게"(49절) 된다. 그 결과 그들은 생각지 않은 때에 주인이 와서 "엄히 때리고 외식하는 자가 받는 벌에 처하리니 거기서 슬피 울며 이를 갈리라"(51절)고 한다.

여기에는 일시적 신앙에 대한 경고가 내포된다. 처음 은혜를 받아서 하나님께 대한 봉사와 헌신으로 살다가, 시간이 지나면서 점차 하나님께 대한 봉사가 사라지고 옛적 삶으로 돌아가는 신자를 경고한다. 이 부류의 대표적인 사람이 구약의 사울이고, 신약에서는 데마라 할 수 있다. 그들은 하나님 나라 경작자의 소명이라는 직분을 끝까지 지키지 못한 사람들이다. 베드로는 이런 사람을 속담에 빗대서 "개가 그 토하였던 것에 돌아가고 돼지가 씻었다가 더러운 구덩이에 도로 누웠다 하는 말이 그들에게 응하였도다"(벧후 2:22)고 했다.

두 번째는 '열 처녀 비유'다. 이 비유의 핵심은 소명 감당을 형식적으로 하는 사람과 성령의 능력으로 하는 사람의 차이를 보여준다. 등과 기름을 함께 준비한 여자들과 등만 가지고 신랑을 맞이하려는 여자들이 있다. 이 비유는 교회 안에는 이 두 종류의 사람들로 가득하다는 점을 상기시킨다. 첫번째 종류의 사람들은 교회에 나오는 사람들은 모두가 종교적으로는 소명을 받았다고 여기는 사람들이다. 그러나 이들은 실제적으로 성령님께 붙들려 하나님 나라에 유익을 끼치지 못한다. 등은 가지고 있으나 기름이 없다. 등만 있고 기름이 없는 사람들의 특징은 소명을 감당한다고 하지만, 하나님 나라에 아무 유익을 끼치지 못한다.

이런 사람들의 심각성은 강단의 설교를 듣더라도 명확한 반응이 없다는 점이다. 강단 설교가 이들의 소명 감당에 아무 도움이 되지 않고 자기 소견에 옳은 방식대로 하나님의 일을 한다. 그러나 이것은 표면적으로는 주의 이름으로 행하지만 나중에 심판대 앞에서는 "내가 너희를 도무지 알지 못하니"(마 7:23)라는 선언을 듣게 된다. 그들은 내가 너희를 향하여 피리를 불어도 춤을 추지 않고 슬퍼 울어도 가슴을 치지 않았다는 선고를 들은 사람이다(마 11:17). 그러나 두 번째 종류의 사람은 효력 있는 부르심을 받아 하나님의 뜻에 정확히 부합하는 열매를 맺는다.

세 번째는 '달란트 비유'다. 이 비유의 강조점은 효력 있는 부르심을 받은 사람과 그렇지 않은 사람의 근본적 차이를 보여준다. 여기서 달란트는 '소명'의 개념으로 이해된다. 먼저 다섯 달란트와 두 달란트 받은 종은 하나님 나라 경작을 위해 충성된 삶을 사는 사람들을 보여준다. 이들에 대한 주인의 평가는 "착하고 충성된 종"(마 25:21, 23)이다. 그러나 한 달란트 받은 종은 하나님 나라 경작을 위하여 충성된 삶을 살지 않았다. 달란트(소명)는 받았지만 아무 것도 남긴 것(경작한 것)이 없다. 그러므로 그 종에게는 "악하고 게으른 종"(마 25:26)이라는 선고가 따른다.

마지막 네 번째는 '양과 염소의 비유'다. 이 비유는 소명에 대한 신자의 반응이 어떤 것인지 언급된다. 양과 염소로 비유된 두 종류의 사람은 주님께 대한 봉사 여부에 의하여 심판을 받게 될 것을 보여준다. 양으로 구별된 사람들은 주님께서 "주릴 때에 너희가 먹을 것을 주었고 목마를 때에 마시게 하였고 나그네 되었을 때에 영접하였고 헐벗었을 때에 옷을 입혔고 병들었을 때에 돌보았고 옥에 갇혔을 때에 와서 보았느니라"(마 25:35-36)고 한다. 반대로 염소로 규정된 사람들은 주님께서 "주릴 때에 너희가 먹을 것을 주지 아니하였고 목마를 때에 마시게 하지 아니하였고 나그네 되었을 때에 영접하지 아니하였고 헐벗었을 때에 옷 입히지 아니하였고 병들었을 때와 옥에 간혔을 때에 돌보지 아니하였느니라"(25:42-43)고 한다.

이 두 부류의 사람들의 공통점은 자신이 언제 주님을 섬겼는지, 혹은 섬기지 않았는지 인식하지 못한다는 데 있다. 이것은 소명 수행이 의식의 영역이 아니라 본성적 변화에 의한 결과임을 보여준다. 성령으로 거듭난 신자는 성령의 인도를 받아서 하나님께 대한 봉사의 삶(예배자의 삶)을 살기 때문에 자신도 모르는 사이에 예배자의 삶을 살게 된다. 그러나 거듭나지 못한 사람들은 아무리 종교적 열심을 냈다 하지만, 무의식적으로 자기 숭배적 삶이 이루어지기 때문에 하나님께 대한 예배가 하나도 일어나지 못한다. 성령으로 거듭나기 전에는 결코 소명에 반응할 수 없다는 점을 보여준다.

바울은 소명이 하나님께 대한 봉사(예배)라는 사실을 디모데후서 2장 4절의 말씀으로 명쾌하게 설명했다.

"병사로 복무하는 자는 자기 생활에 얽매이는 자가 하나도 없나니 이는 병사
로 모집한 자를 기쁘게 하려 함이라" (딤후 2:4)

여기서 바울은 구원을 "병사로 모집한" 사건(징집 사건), 즉 '소명'으로 이해한다. 구원을 소명(하나님께 대한 봉사)으로 이해하는 바울의 관점은 "그로 말미암아 우리가 은혜와 사도의 직분을 받아 그의 이름을 위하여 모든 이방인 중에서 믿어 순종하게 하나니"(롬 1:5)라고 한 가르침에서도 잘 나타난다. 여기서 바울은 은혜를 구원과 동의어로 사용하면서, 그 구원이 사도의 직분을

수행하도록 부르신 '소명 사건'이라 설명한다. 아울러 자신은 "그의 이름을 위하여 모든 이방인 중에서 믿어 순종하게" 하는 소명을 받았다는 말로 소명의 내용을 구체적으로 알린다. 이방인을 위한 사도의 소명은 다시 로마서 1장 14절에서 "헬라인이나 야만인이나 지혜 있는 자나 어리석은 자에게 다 내가 빚진 자라"는 말로 다시 재차 설명된다. 바울은 자신의 구원에 대한 확신만큼 소명에 대해서도 구체적이고 확실하다.

물론 소명을 종교적인 영역으로만 제한해서 이해해서는 안 된다. 이것이 과거 중세 가톨릭의 오류였다. 가톨릭에서는 성직자만 소명을 받았다고 가르쳤다. 중생과 소명을 분리해서 이해했다. 그러나 이 문제에 대하여 루터는 '만인 제사장'을 가르치면서 소명과 구원을 연결하고, 신자들의 삶 전체, 특히 직업의 영역으로 확대했다. 신자는 구원을 받는 그 순간부터 삶의 모든 영역이 하나님 나라 봉사를 위한 삶이어야 한다고 가르친 것이다.

신자가 진정으로 거듭나면 그 순간부터 가정이 자신의 소명지임을 깨닫게 된다. 뿐만 아니라 직업 활동, 학생으로서의 공부, 교회의 직분, 한 나라 시민으로서의 정치 활동 등등이 바로 소명지라는 것을 깨닫게 된다. 그런 깨달음은 삶의 전 영역에 대한 태도를 변화시킨다. 자신이 몸담고 있는 크고 작은 모든 영역에서 하나님 나라 건설을 위해 충성을 다하는 일꾼으로 살게 된다. 하나님께서 말씀으로 우리를 부르실 때, 그 소명은 작은 것에서 출발하여 큰 영역으로 점차 확대된다. 예수님께서 "네가 작은 일에 충성하였으매 내가 많은 것으로 네게 맡기리니 네 주인의 즐거움에 참여할지어다"(마 25:21)라는 말씀은 이런 사실을 잘 보여준다.

우리의 소명은 먼저 작은 것에 충성하였을 때, 더 많은 것, 더 큰 소명으로 부름을 받게 된다. 자신에게 현재 주어진 작은 일에 충성되지 않고 더 큰 소명을 기대할 수 없다. 도리어 한 달란트에 충성되지 못한 사람은 그 한 달란트까지 빼앗기는 비참함에 떨어진다. 신자가 소명을 받았다고 한다면 그는 자기가 몸담고 있는 가장 작은 영역부터 소명을 직감해야 한다. 자신이 몸담고 있는 가정과 학교와 직장과 교회 등의 영역에서 소금과 빛의 역할을 할 수 있다. 그 작은 영역에서 착하고 충성된 태도로 소명을 감당하면 점차 자신이 어떤 소명을 향해 부름 받았는지 명확하게 열려진다.

☞ **소명의 정의**

소명이란 하나님께서 신자를 하나님 나라 일꾼(예배자)으로 삼으시기 위해 말씀에 효력을 주신 사건이다.

분별은 개념이다

13

견인

13
견인

　장로교 교리 가운데 견인 교리만큼 잘못 알려진 교리도 흔치 않을 것이다. 이 교리는 상당수 목회자들이나 신학교 교수들도 잘못 오해하고 있는 사람들이 많다.

　그러면 대부분의 사람들이 '견인 교리'를 어떻게 잘못 이해하고 있다는 것인가? 대부분의 사람들은 견인 교리를 하나님께서 택한 백성들을 끝까지 보호해 주시고 이끌어 주시는 교리라고 모호하게 이해한다. 물론 이렇게 말한다고 해서 아주 틀린 말은 아니다. 그런데 이 표현 속에는 은연중에 무율법주의를 허용하는 뉘앙스를 풍긴다. 다시 말해서 하나님은 한 번 선택받은 성도가 이 땅에서 어떻게 살든지(율법을 무시하면서 살아도) 결국엔 천국으로 이끌어 주실 것이라는 말이다. 실제로 거의 대다수의 사람들이 그렇게 이해하고 있다.

우리가 흔히 이단이라고 부르는 구원파의 가장 심각한 문제는 성도의 견인 교리를 이런 방식으로 이해하는 데 있다. 차이가 있다면 그들은 이 교리를 좀 더 확대해서 더 이상 회개할 필요가 없다고 가르친다. 이에 대하여 존 머레이 교수는 "이 교리의 핵심적인 내용은 '신자의 안전보장'이란 말로 표현할 수 있는 그런 것에 있지 않다"[31]고 분명하게 지적했다.

더 나아가 머레이 교수는 "신자가 신앙 이후의 생활 가운데 아무리 죄에 빠진 생활 상태에 있어도 안전하다고 말하는 것은 바로 그 주장으로 말미암아 그리스도를 믿는 신앙을 헛된 것으로 만들고 하나님의 은혜를 색용 거리로 바꾸는 결과가 된다"[32]고 했다.

견인을 이렇게 이해한 사람들은 대부분 견인에 해당하는 한자를 '끌 견(牽)'과 '끌 인(引)'으로 이해한다. 그래서 이 용어를 들으면 자동적으로 '견인차'를 머리에 떠올린다. 마치 고장 난 차를 견인차가 견인해 주듯, 신자의 삶도 어떻게 고장이 나든지 하나님께서 결국 천국으로 인도해 주실 것이라는 방식으로 이해하는 것이다.

그러나 '견인'에 해당하는 한자는 '끌 견(牽)'과 '끌 인(引)'이 아니다. '굳을 견(堅)'과 '참을 인(忍)'이다. 다시 말해서 '굳은 인내'라고 이해해야 한다는 말이다. 이 용어는 영어로 'perseveranc'(인내)로 번역된다. 헬라어로는 '휘포모

31) 존 머레이, 203.

32) Ibid.

네'(ὑπομονή)라고 하는데, 이는 '견고히 섬, 기다림, 인내'로 번역되는 단어다. 따라서 견인이란 견고히 하나님의 약속을 기다리는 것, 혹은 하나님의 약속을 믿고 인내하며 견고히 서는 것을 말한다. 로이드 존스도 이와 궤를 같이 하여 '성도의 견인 교리'를 "소위 성도의 끝까지 견디어 냄의 교리"[33]라고 말해주고 있다.

그런데 애석하게도 이 용어는 어느 때부터인가 사람들에게 갑자기 한 번 구원은 영원한 구원이라는 의미로 둔갑하고 말았다. 이렇게 이해하는 사람들은 행위가 중요한 것이 아니라 오로지 믿음이 중요하다는 주장을 한다. 이것이 전형적인 구원파의 논리이다.

우리는 이러한 구원파의 논리가 부분적으로만 본다면 성경적으로 다 맞는 말이라는 점을 먼저 염두에 두어야 한다. 먼저 한 번 받은 구원은 결코 취소되지 않는다는 말은 성경적으로 옳다. 또 구원은 행위의 문제가 아니라 오직 믿음의 문제라는 말도 맞다. 또한 한 번 구원받은 사람들을 하나님께서 끝까지 보호하시고 이끄신다는 말도 맞다. 그러나 문제는 이 교리들을 정확하게 이해하고 조합하지 않았다는 것이 문제이다. 이들은 성경의 교리를 어설프게 이해하고 조합하여 궤변을 만들어 놓은 것이다.

이것은 필자가 과거에도 한 번 소개했던 소피스트들이 궤변을 늘어놓았던 양도논법(딜레마 논법)과도 같다. 소피스트들이 사용했던 양도논법이 무

---

33) 로이드 존스, 『로마서 강해(6)』 서문강 역 (기독교문서선교회, 1999), 267.

엇이라고 했는가? 다시 소개한다면 다음과 같다.

네가 만약 살 운명이라고 한다면 약 같은 것을 쓰지 않아도 살 것이고, 반대로 죽을 운명이라고 한다면 아무리 좋은 약을 쓴다 해도 결국은 죽게 될 것이다. 그런데 너는 살 운명에 있느냐 죽을 운명에 있느냐의 그 어느 쪽에 있다. 그러므로 어차피 살려고 아등바등할 필요가 없고 약을 쓸 필요도 없다.

이 양도논법을 들어보면 맞는 말 같으면서도 틀린 말이라는 생각이 든다. 왜냐하면 우리가 잘 아는 것처럼 살 사람은 어떻게 해도 살고, 죽을 사람은 어떻게 해도 죽기 때문이다. 실제로 죽을 운명에 있는 사람은 아무리 좋은 약을 써도 죽고, 살 사람은 치료를 포기한 가운데서도 살아나는 경우가 종종 있다. 그렇다면 이 논리에서 무엇이 문제인가? 이 논법에서 무엇을 계산에 넣지 않았기 때문에 궤변이 되느냐는 말이다.

첫째는 병에 걸린 사람이 죽을 사람인지 살 사람인지 아무도 모른다는 것이다. 누가 죽을 사람이고 누가 살 사람인지 모른다는 말은 인간이 최선을 다하고 결과를 하나님의 주권에 맡겨야 한다는 것이지 인간이 아무 것도 할 필요가 없다는 뜻이 아니다.

두 번째는 살 사람이 살게 되거나 죽을 사람이 죽게 될 때, 하나님은 인간의 적극적인 치료 방식을 사용하신다는 것이다. 예를 들어서 과거 14세기 유럽에 흑사병이 창궐했을 때, 치료 방법이 없었던 유럽 인구는 지역에 따라 1/3~1/2 규모로 감소할 정도로 많은 사람들이 죽었다. 그러나 근세기에 와서 의료 기술이 발달하면서 흑사병으로 인한 사망률은 현저하게 떨어졌다. 이는 인간의 죽고 사는 문제에 하나님께서 인간의 의료 기술을 사용하신다는 것을 알 수 있다.

동일한 원리로 구원파의 교리를 접근하면 그들의 논리가 전형적인 궤변이라는 것을 알 수 있다. 먼저 한 번 받은 구원은 결코 취소되지 않는다는 말은 성경적으로 참이다. 왜냐하면 구원이란 단순히 강을 건넜다가 자기 맘대로 다시 돌아가는 문제가 아니라, 죽은 자가 다시 살아나는 하나님의 주권 문제이기 때문이다. 또 구원은 내가 하나님을 선택하고 붙잡은 것이 아니라, 하나님께서 나를 선택하고 붙잡은 것이다. 이런 차원에서 한 번 받은 구원은 인간의 연약함 여부에 의해 취소될 성질이 아니다.

또 구원은 행위의 문제가 아니라 오직 믿음의 문제라는 말도 맞다. 이것은 에베소서 2장 8절에서 사도 바울이 "너희는 그 은혜에 의하여 믿음으로 말미암아 구원을 받았으니 이것은 너희에게서 난 것이 아니요 하나님의 선물이라"고 한 가르침에 잘 나타난다.

그런데 마지막 명제가 문제다. 그들은 이렇게 구원을 받았기 때문에 율법을 무시하며 살아도 구원이 취소되지 않는다고 한다. 이것은 논리적 비약이다. 왜냐하면 애초부터 율법은 구원의 조건이 아니라, 구원받은 성도의 표징 문제이기 때문이다. 율법은 우리의 영혼 상태를 보여주는 열매와 같다. 예수님께서 "열매로 나무를 아느니라"(마 12:33)고 한 것은 열매가 나무를 결정하는 것이 아니라, 나무가 열매를 입증한다는 것을 가르치신 것이다.

'열매'라는 용어 해설에서 언급했던 것처럼 행위는 그 사람이 어떤 나무에 연합된 존재인지를 드러내는 것일 뿐이다. 열매가 구원 여부를 결정하지 못한다. 만일 믿는 사람이 타락을 했다고 한다면 그는 구원이 취소된 것이 아니다. 사실 구원을 받은 적이 없었다는 것을 입증하는 것일 뿐이다. 다른 말로 그는 애초부터 믿음이 없었다고 보아야 한다는 말이다. 이것이 성경의 논리다.

그런데 초기 기독교 시대부터 사람들은 이 부분에 대해 혼란스러워했다. 그래서 이 문제가 칭의론 문제로 자주 나타났다. 칭의론 문제를 간단하게 요약한다면 믿음으로 의로워지는가, 아니면 의로운 행실로 믿음에 들어가느냐의 문제라 할 수 있다.

개혁자들은 믿음으로 의로워진 사람은 결코 타락할 수 없다고 주장한 반면, 가톨릭이나 알미니안주의자들은 믿음으로만 의롭게 된다는 교리가 사람들에게 도덕적 방종을 준다고 공격했다. 그럴 수밖에 없었던 것은 행위가 아닌 '오직 믿음으로만' 의롭게 된다는 가르침을 받은 사람들 가운데 도덕적 방종이 나타나는 사람들을 많이 보았기 때문이다. 물론 이런 사람들을 향하여 개혁자들이나 청교도들은 그들의 믿음이 참 믿음이 아니라고 응수했다. 왜냐하면 참된 믿음은 율법 준수로 나타나기 때문이다.

그러면 '견인'이란 용어에 대해 좀 더 구체적으로 살펴보자.

견인을 가장 잘 설명해 주는 구절은 "누가 우리를 그리스도의 사랑에서 끊으리요 환난이나 곤고나 박해나 기근이나 적신이나 위험이나 칼이랴"(롬 8:35)는 구절이다. 그러나 이 구절을 '견인'과 관련하여 이해하려면 37절의 말씀까지 가야 한다.

"그러나 이 모든 일에 우리를 사랑하시는 이로 말미암아 우리가 넉넉히 이기느니라" (롬 8:37)

여기서 바울은 그리스도의 사랑 안에 거한 신자는 그 사랑으로 말미암아 넘어지거나 타락해도 구원에는 지장이 없다고 가르치지 않았다. 도리어 환난과 곤고나 박해나 기근이나 적신이나 위험이나 칼 앞에서도 "넉넉히 이기느니라"고 한다.

견인이란 그리스도의 사랑을 입은 신자가 그 사랑을 힘입어 영적인 순결을 끝까지 인내하면 지키게 된다는 것을 가르친다. 타락해도 구원을 받는데 지장이 없다는 가르침이 아니다.

존 머레이 교수는 이 교리를 참 제자와 거짓 제자를 구별하는 시금석으로 주신 것이라고 다음과 같이 주장했다.

주님은 참 제자를 구분할 수 있는 표준을 세우셨으니, 그 표준은 예수님의 말씀 안에 계속 거함이다. … 참 신앙의 궁극적 시험은 그리스도 안에 살며 그의 말씀 안에 계속 거하면서 끝까지 견디는 것이다.[34]

따라서 머레이 교수는 배교(背道)란 "그리스도를 믿고 그에게 복종하며 일시적으로 좋은 신앙고백을 하며 그리스도와 그 왕국에 대한 열심을 보이는 모든 외양을 가지고 있다가도 비록 적대시하지 않을지라도, 그리스도와 그의 왕국에 관한 주장들에 대하여 모든 흥미를 잃어버리고 무관심하게 되는 일인데, 이것이 바로 돌밭에 떨어진 씨의 교훈이다"[35]라고 했다.

그러므로 '견인' 교리를 가장 잘 설명해주는 성경 구절은 "또 너희가 내 이름으로 말미암아 모든 사람에게 미움을 받을 것이나 끝까지 견디는 자는 구원을 얻으리라"(마 10:22)는 말씀이다. 끝까지 견딘다는 말씀은 그 속에 성령의 은혜가 있다는 가장 명확한 증거가 된다. 그러므로 로이드 존스 목사는 '견인 교리야말로 신자들의 구원을 확신케 하는 가장 최고의 교리'라고 주장했다.

이제 우리는 견인 교리가 처음 예수를 믿게 된 때부터 시작하여 주님 앞에 서는 그날까지 신자의 정체성을 규정하는 가장 명확한 교리라는 점을 살펴보고자 한다.

---

34) 존 머레이, 200.

35) Ibid., p. 201.

먼저 신자는 처음 구원을 받게 될 때, 주님을 끝까지 붙들게 됨으로 구원을 받게 된다. 신자의 회심은 견인으로 시작된다. 예를 들어서 12년 동안 혈루병을 앓게 된 여인이 구원을 받게 된 것은 그녀가 끝까지 인내하며 그리스도를 붙잡은 결과였다. 또 가나안 여인이 구원을 받게 된 것도 제자들의 저항과 예수님의 개 취급하시는 무시를 극복하고 끝까지 인내한 결과였다. 물론 이것은 그녀들의 인내가 아니다. 성령께서 그 여자들에게 은혜를 부어주셨기 때문에 인내한 것이다. 그러나 그 당시의 여자들은 이것이 성령의 역사라는 점은 의식하지 못한다.

구원과 인내의 문제는 여기서 끝나지 않는다. 예수님은 제자들에게 종말에 있을 큰 환난을 예언하시면서 "끝까지 견디는 자는 구원을 얻으리라"(마 24:13)고 경고하셨다. 흥미로운 사실은 예수님께서 이 경고를 주시면서 구원을 이미 받은 성도들은 안심하라고 하지 않으셨다는 점이다. 도리어 긴장을 하도록 촉구하셨다. 이 부분을 좀 더 분명하게 이해하기 위해 마태복음 24장 8-13절을 구체적으로 읽어보자.

"이 모든 것은 재난의 시작이니라 그 때에 사람들이 너희를 환난에 넘겨 주겠으며 너희를 죽이리니 너희가 내 이름 때문에 모든 민족에게 미움을 받으리라 그 때에 많은 사람이 실족하게 되어 서로 잡아 주고 서로 미워하겠으며 거짓 선지자가 많이 일어나 많은 사람을 미혹하겠으며 불법이 성하므로 많은 사람의 사랑이 식어지리라 그러나 끝까지 견디는 자는 구원을 얻으리라" (마 24:8-13)

우리는 예수님의 이 예언이 어떤 사람에게 위로가 되고, 어떤 사람에게 두려움이 되었을지 생각해 보아야 한다. 이 두려운 예언을 들으면서도 위로로 여겨질 사람들은 주님의 은혜 안에서 끝까지 견디며 날마다 승리하고 있는 사람들이 분명하다. 날마다 삶 속에서 주님의 은혜 안에 인내하며 승리하는 신자들은 마지막 때에도 하나님께서 견인(堅忍)하게 만들어 주실 것을 확신할 것이기 때문이다. 그러나 단 한 번도 끝까지 인내하며 승리해 본 적이 없는 사람은 그날이 두렵게 여겨질 것이다. 한 번도 믿음으로 끝까지 인내해본 적이 없는 사람들은 그 환난의 날에 인내할 수 있을 것이라고 확신할 수 없을 것이기 때문이다.

마지막으로 견인 교리는 신자가 믿은 그날부터 이 세상을 떠나는 그날까지 변질되지 않고 끝까지 인내하며 거룩을 지키는 존재가 되어야 함을 가르쳐준다는 점을 기억해야 한다.

바울 사도는 빌립보서 3장 13-14절의 말씀을 통해서 "형제들아 나는 아직 내가 잡은 줄로 여기지 아니하고 오직 한 일 즉 뒤에 있는 것은 잊어버리고 앞에 있는 것을 잡으려고 푯대를 향하여 그리스도 예수 안에서 하나님이 위에서 부르신 부름의 상을 위하여 달려가노라"고 고백했다.

존 머레이 교수는 이러한 바울 사도의 고백을 염두에 두면서 "성도의 견인은 오직 끝까지 견디는 자만이 참 성도라는 사실을 우리에게 매우 힘 있게 말해주고 있다"[36]고 설명해준다.

바울 사도는 자신의 견고한 인내의 신앙을 영적인 아들 디모데에게 죽음을 앞두고 다음과 같이 고백했다.

"나는 선한 싸움을 싸우고 나의 달려갈 길을 마치고 믿음을 지켰으니 이제 후로는 나를 위하여 의의 면류관이 예비되었으므로 주 곧 의로우신 재판장이 그 날에 내게 주실 것이며 내게만 아니라 주의 나타나심을 사모하는 모든 자에게도니라" (딤후 4:7-8)

바울의 이 위대한 고백 속에서 우리는 신자의 삶이 처음 예수를 믿을 때만이 아니라, 또는 환난과 어려움 때만 아니라, 주님 앞에 서는 그날까지 견고하게 인내하는 성화의 삶이라는 것을 발견하게 된다.

그러면 결론적으로 무엇을 위한 인내인지 질문을 던지지 않을 수 없다.

그것은 하나님의 뜻을 이루는 일을 위해 인내하는 것이다. 거룩을 위한 인내다. 그러면 하나님의 뜻은 무엇인가? 바울은 "하나님이 미리 아신 자들을 또한 그 아들의 형상을 본받게 하기 위하여 미리 정하셨으니"(롬 8:29)라고 한다. 신자는 그 아들의 형상을 본받게 하기 위해 미리 정함을 받은 존재들이다. 하나님은 신자들이 아들의 형상을 본받도록 하기 위해 인내하도록

---

36) Ibid., 205.

하신다. 이것은 신자의 의지의 문제가 아니다. 은혜의 문제이다. 그러므로 성령으로 거듭난 사람이라면 반드시 끝까지 인내할 수밖에 없다.

존 머레이 교수는 단호하게 말한다.

부르심을 받은 자들은 그 아들의 형상을 본받게 하기 위하여 미리 정하신 자들이다. 하나님의 미리 정하시는 목적이 실패한다고 생각할 수 있겠는가? 알미니안주의자라 할지라도 그렇게는 말하지 못할 것이다. 왜냐하면 알미니안주의자도 하나님이 끝까지 견디고 구원받을 것으로 예견한 자들을 영생으로 예정하셨다고 믿기 때문이다.[37]

┌───┐
│ ☞ **견인의 정의**
│
│ 견인이란 하나님께서 구원받은 성도들을 그리스도의 인내에 연합하여
│ 믿음의 순결을 지켜서 끝까지 인내함으로 신자의 표징을 드러내도록 하
│ 시는 은총이다.
└───┘

---

37) Ibid., 207.

분별은 개념이다

14

중생

14
중생

조직신학에서 구원의 서정을 언급할 때, 흔히 첫 번째에 소명을 두고 두 번째에 중생을 둔다. 물론 대부분의 신학자들의 주장처럼 구원의 서정으로서 소명과 중생과 회심과 칭의와 양자는 시간적으로 동시다발적으로 이루어진다고 보는 것이 적절하다. 그럼에도 불구하고 조직신학에서 구원의 서정을 이렇게 정한 것은 구원을 이해하는데 도움을 주기 위해서다.

소명이 중생 앞에 있다는 사실은 한 사람의 중생이 말씀을 통해서 이루어진다는 사실을 강조한다. 이런 사실은 사도 베드로가 "너희가 거듭난 것은 썩어질 씨로 된 것이 아니요 썩지 아니할 씨로 된 것이니 살아 있고 항상 있는 하나님의 말씀으로 되었느니라"(벧전 1:23)고 한 말씀 속에 잘 나타난다. 투레틴Turretin도 "성령은 말씀 이전이나 이후보다는 말씀이 함께할 때 직접 우리에게 역사하신다"[38]고 했다. 다시 말하면 신자는 말씀을 통해 거듭나는 것이지만 말씀이 거듭나게 하는 것은 아니라는 말이다. 거듭나게 하는 주체는 '성령'의 주권이다.

---

38) 조엘 비키, 마크 존스, 『청교도 신학의 모든 것』, 김귀탁 역 (부흥과개혁사, 2015), 546.

그러면 우리가 흔히 말하는 "중생"(重生)이라는 말의 뜻이 무엇인지 살펴보자.

중생은 한자로 '거듭 중(重)'에, '날 생(生)'을 사용한다. 이 말을 순수 우리말로 "거듭남"이라고 한다. 여기서 우리가 주의해야 할 점이 있다. 그것은 중생, 혹은 거듭난다는 말이 교육을 통해서 생각이나 심리 상태가 개선되었다는 것을 뜻하지 않는다는 사실이다. 간혹 사람들이 중생과 회심을 혼란스러워하는 부분이 여기에 있다.

여기서 회심이라는 용어가 중생과 어떤 차이가 있는지 잠시 살펴보자. '회심'은 중생이 가져온 마음의 변화를 지칭할 뿐이다. 회심이 곧 중생을 뜻하지 않는다. 회심은 중생 후에 따라 일어나는 현상이다. 여기서 조심해야 하는데, 일시 신앙일 경우에는 중생하지 않고서도 회심처럼 보이는 경향이 나타나기도 한다. 히브리서 6장 4-6절은 이런 사람을 "한 번 빛을 받고 하늘의 은사를 맛보고 성령에 참여한 바 되고 하나님의 선한 말씀과 내세의 능력을 맛보고도 타락한 자들"이라고 한다. 이런 차원에서 볼 때, 중생이란 말 그대로 다시 태어나는 것을 지칭한다.

그러므로 루이스 벌코프Louis Berkhof는 중생은 새 생명의 원리가 수동적으로 심겨진 것이라고 한다면, 회심은 그 새 생명이 의식적 생활에서 능동적으로 표현되는 것이라고 한다.[39]

---

39) 루이스 뻘콥, 『뻘콥 조직신학 제5권』, 고영민 역 (기독교문사, 1983), 163.

요한복음 3장을 보면 예수님과 바리새인 니고데모와의 대화가 나온다. 여기서 예수님은 니고데모를 만나자마자 "네게 이르노니 사람이 거듭나지 아니하면 하나님의 나라를 볼 수 없느니라"(요 3:3)고 말씀하셨다. 여기서 "거듭나지"에 해당하는 헬라어 '아노뗀'(ἄνωθεν)이 중요하다. 이 단어는 다양한 의미를 가지고 있다. 첫째는 '완전히', '철저히'라는 뜻이 있고, 둘째는 '다시', '두 번째'의 뜻이 있으며, 세 번째로는 '위에서부터', 혹은 '하나님께로부터'의 뜻을 가진다. 이 세 개의 단어를 조합해 보면 중생이란 '하나님으로부터 철저히 다시 태어나는 것'을 말한다. 단순히 교육이나 훈련을 통한 개선 정도를 의미하지 않는다. 바울의 표현처럼 "새로운 피조물"(고후 5:17)이 되는 것을 의미한다.

루이스 벌코프는 중생을 "지성적, 감정적, 도덕적으로 즉시 전인(全人)에게 영향을 미치는 인성(人性)의 즉각적 변화"[40]라고 했다. 이는 중생이 단순히 도덕적 변화만을 동반한다는 뜻이 아니다. 또 종교적인 영역에 열심을 품게 되었음을 뜻하지 않는다. 무엇보다 중생은 전인격적인 변화가 내면의 본성과 삶의 원리에서 왔음을 의미한다. 물론 거듭남은 도덕적 개혁과 종교적 열정을 불러일으킨다. 그러나 이런 것들은 단지 거듭남의 결과에 불과하고 거듭남의 본질이 아니다.[41]

오늘날 상당수의 교회들은 중생이 전인격적인 변화라는 점이나, 실제적

---

40) Ibid., 117.

41) 조엘 비키, 마크 존스, 540.

인 변화라는 것에 대하여 실감하지 못하는 경향이 많다. 간혹 어떤 사람이 특정한 체험을 한 후에 술과 담배를 끊고 도덕적으로 변했다거나, 혹은 종교 생활에 열심을 품게 되었다고 해서 쉽게 중생했다고 단정 짓는 경향이 있다. 혹은 단순히 세례를 받았다거나 신비적 체험을 했다거나 영접기도를 했거나 술과 담배를 끊었기 때문에 중생을 했다고 단정 짓기도 한다. 그러나 이런 가르침은 결코 성경의 지지를 받지 못한다.

예수님은 분명히 "사람이 거듭나지 아니하면 하나님의 나라를 볼 수 없느니라"고 하셨다. 거듭나야만 보이는 영역이 있다는 말이다. 거듭나지 않은 자연인 상태에서는 죽었다 깨어나도 보이지 않는 영역이 있다. 바울이 "육에 속한 사람은 하나님의 성령의 일들을 받지 아니하나니 이는 그것들이 그에게는 어리석게 보임이요, 또 그는 그것들을 알 수도 없나니 그러한 일은 영적으로 분별되기 때문이라"(고전 2:14)고 한 말은 이런 사실을 잘 말해준다. 그러므로 거듭난 사람과 자연인들과는 결코 하나가 될 수 없다. 빛과 어둠이 사귈 수 없고 그리스도와 벨리알이 조화될 수 없으며 믿는 자와 믿지 않는 자가 상관할 수 없다. 이것은 지식이나 교육의 문제가 아니다. 심리적인 문제도 아니다. 존재방식의 차이이고, 본성의 본질적인 차이다. 이는 물과 기름이 본질적으로 다르기 때문에 결코 섞일 수 없는 것과 같은 이치다.

거듭난 그리스도인들이 자연인들과 근본적으로 구별될 수밖에 없는 것은 생존 양식이 근본적으로 다르다는 데 있다. 성찬은 이런 사실을 잘 보여준다. 예수님은 성찬을 통해서 신자가 이전과 다른 양식으로 생존을 유지하는 존재가 된다는 점을 상기시키셨다. 세상 사람들은 돈과 명예와 성공과 쾌락과 행복 같은 요소들로 생존의 양식을 삼는다. 그러나 그리스도인들은 하나님의 입에서 나오는 말씀만을 생존의 양식으로 삼게 된다. 하나님의 말씀이 단순히 지적으로 채워져야 산다는 말이 아니다. 거듭난 신자는 하나님의 말씀이 삶의 원리가 되어야 살 수 있다. 이 말의 이해를 돕는다면, 세상 사람들은 세상의 것을 사랑하는 즐거움으로 삶을 유지한다면, 그리스도인들은 하나님을 사랑하는 기쁨으로 삶을 유지한다는 말이다. 하나님을 사랑하지 않고 관계가 무너진 상태에서는 삶을 도무지 유지할 수 없는 존재가 되는 것이 바로 중생의 상태다.

그러면 중생(거듭남)이 어떻게 일어나는가.

중생이 찬양이나 신비적 체험, 혹은 기적을 보거나 심리적 위로로 일어나지 않는다는 점을 먼저 분명하게 말하고 싶다. 이런 식으로 중생을 생각하도록 만드는 가르침들이 전형적인 거짓 가르침이다. 성경이 가르치는 분명한 사실은 중생이 효과적인 부르심(effectual calling)의 결과라는 점이다. 이는 마치 하나님께서 말씀으로 세상을 창조하신 것처럼 중생 사건도 말씀으로 새로운 마음의 창조가 일어난다. 그리고 중생은 새로운 마음이 단회적 창조되면서 동시에 연속적 창조를 통해 성화가 나타난다. 딕슨Dickson도 거듭남은 "결과적으로 효과적인 부르심과 하나"라고 했다.[42]

---

42) 조엘 비키, 마크 존스, 536.

하나님은 말씀으로 신자의 마음에 찾아오신다. 성령 하나님은 말씀으로 신자의 전인격(知,情,義)을 거듭나게 하신다. 거듭난 전인격은 죄의 종 된 상태와 대조적으로 의의 종 된 삶을 살게 된다(롬 6:18). 이것을 루터는 '말씀에 사로잡힘'이라고 자주 표현했다. 루터가 보름스에서 종교재판을 받는 가운데 했던 이 말은 매우 유명하다.

> 저의 양심은 하나님의 말씀에 사로잡혀 있습니다(다른 번역/나의 양심은 말씀의 노예이다). 왜냐하면 양심에 어긋난 행동을 한다는 것은 옳지 않을 뿐만 아니라 안전하지도 않기 때문입니다. 저는 달리 어떻게 할 도리가 없습니다. 여기 제가 서 있습니다(Here I stand). 하나님이여 이 몸을 도우소서, 아멘.[43]

이런 삶의 원리로 말미암아 성도는 주님 앞에 서는 그날까지 진리 안에서 자라게 된다. 죄를 이기게 된다. 박해 가운데서도 인내하게 된다. 이것은 학생들이 자기가 너무도 사랑하는 그 무엇 때문에 부모의 꾸지람과 반대, 그리고 환경적 저항이 극심할지라도 자신을 파괴하는 삶을 끊지 못하는 것과 흡사하다. 차이가 있다면 죄 된 삶에서 의로운 삶으로 방향만 바뀌었을 뿐이다.

신자가 옛 삶을 십자가에 못 박고 새 생명 가운데 참여하는 것은 성령께서 실제적으로 하시는 일이다. 존 번연이 『천로역정』에서 언급한 것처럼 한 사람이 중생하는 것은 말씀을 통한 심한 질책에서부터 시작된다. 성령님

---

43) 롤란드 베인톤, 『마르틴 루터의 생애』 이종태 역 (생명의말씀사, 2001), 244.

은 말씀을 통해서 죄인들의 마음을 끊임없이 질책하여 진리의 빛만 따르도록 인도한다. 때로는 절망의 수렁에서 허우적거리기도 한다. 도덕 마을의 세속 현자의 유혹에 흔들리기도 한다. 좋은 마음을 품다가도 하나님께 반항하는 마음으로 오락가락한다. 돌이키지 못한 심령은 심한 우울증과 절망을 느끼기도 한다. 이 과정에서도 죄인은 성령의 은총을 통해 중생할 때까지 인내하며 구하고 찾고 두드린다. 온 힘을 다해 간절히 은혜를 구한다. 무서울 정도로 심도 있게 진리를 구석구석 찾는다. 최선을 다해서 두드린다. 마치 12년 동안 혈루병을 앓던 여인이 수많은 군중들 사이에서 짓밟히고 넘어지고 쓰러지면서 좌절에 좌절을 거듭하면서도 예수님의 옷자락을 한 번만이라도 잡으려는 태도와 같다. 가나안 여인이 무리들의 비난과 자존심이 짓밟히는 모욕과 환경적 절망을 극복하며 예수님께 은총을 구하는 태도와 같다. 이것이 성령께서 죄인을 효력 있게 부르심으로 찾아오시고 중생하게 하시는 방식이다.

　이렇게 말씀을 통해서 효력 있는 부르심을 받은 사람은 먼저 지성의 영역에서 자신의 죄와 오류를 인정하게 된다. 그다음엔 타락한 본성으로 거슬리지만 말씀 앞에서 자기감정을 부인한다. 그리고 복종된 감정은 의지를 움직여 이전과 완전히 다른 열매를 맺게 한다. 예전엔 죄의 노예로서 열매를 맺던 사람이, 이젠 하나님의 말씀에 노예가 되어 열매를 맺게 된다. 이것을 루이스 벌코프는 중생을 "새 생명의 원리를 사람 안에 심고 영혼의 지배적 성향을 성화시키는 하나님의 행위"[44]라고 정의한다. 중생이란 영혼의 지

---

44) 루이스 벌콥, 118.

배적 성향이 이전과 달라진 것이다. 이전엔 죄가 지배를 했다면, 중생 후에는 의가 지배를 하게 된다.

중생을 이해하는 데 있어서 삼위일체 하나님의 사역을 이해해야 한다. 성부 하나님은 구원받기로 작정된 사람을 부르신다. 바울은 이런 사실을 "또 미리 정하신 그들을 또한 부르시고 부르신 그들을 또한 의롭다 하시고 의롭다 하신 그들을 또한 영화롭게 하셨느니라"(롬 8:30)고 명확하게 가르쳤다. 이렇게 구원받기로 작정된 사람은 성자께서 완성하신 구속 사역을 성령님에 의해 적용받아서 중생하게 된다.

중생은 전적으로 성령 하나님의 단독 사역이다.

성령이 아니고서는 결코 거듭날 수 없다. 성경공부로 사람들을 거듭나게 할 수 없다. 물론 말씀만이 죄인을 거듭나게 하는 수단이라는 점은 분명하다. 그럼에도 불구하고 말씀은 성령께서 죄인을 거듭나게 하는 수단이지 주체는 아니다. 말씀은 도구지만 성령님은 여전히 궁극적으로 거듭남의 유효 원인 및 직접적인 원인이다.[45] 말씀이라는 지식이 죄인을 거듭나게 하지 않는다. 말씀을 많이 읽고 암송하고 많이 배우면 거듭나게 되는 것이 아니다. 도리어 사도 바울의 가르침처럼 비록 성경 지식이라고 해도 지식은 사람을 교만하게 할 뿐이다(고전 8:1). 바리새인들을 보라. 그들은 성경 지식에 대해 박식했지만, 배나 더 지옥 자식이 될 뿐이었다.

---

45) 조엘 비키, 마크 존스, 546.

오늘날에도 너무나 많은 사람들이 정통 교리와 성경 지식을 가지고 배나 지옥의 자식처럼 행동하고 있지 않는가? 그러므로 존 오웬은 "사람들의 지성에 호소하는 것에 불과한 말씀 자체는 그들에게 아무 효력을 일으키지 못할 것이다."[46]고 지적했다. 성령이 없으면 말씀 선포는 아무 효능이 없다. 이 효능을 위해 개혁자들과 청교도들은 무엇보다 기도에 힘썼다. 이런 모습은 예수님께서 보이신 모범이기도 했다.

그러면 천주교는 중생을 어떻게 이해하고 있는지 살펴보자.

천주교는 중생이 세례의 집례를 통해서만 산출된다고 가르친다. 로마 가톨릭은 아이가 세례를 받을 때 천성적인 권세와 원죄의 오염으로부터 구원을 받는다고 가르친다.[47] 중생을 이렇게 이해하면 사람의 구원은 성령의 주권이 아니라, 사제의 주권으로 이해하게 된다. 이것은 기독교에서 말씀이 은혜의 방편이지만 그 말씀의 효력 여부가 성령의 주권에 의해 결정된다는 것과는 대조적이다. 성령의 자리에 사제들이 앉아있는 것이다. 가톨릭은 사제가 세례를 베풀면 예외 없이 동일한 효력이 발생한다고 믿는다는 차원에서 신적 주권을 갖게 된다. 가톨릭에서 세례가 중생의 효력을 발생한다고 믿기 때문에 임종을 앞둔 사람에게 세례를 베풀어야 천국에 간다고 생각한다. 그러므로 가톨릭에서는 만일 임종을 앞둔 사람이 세례를 집례할 사제가 없는 비상시에는 일반 평신도가 세례를 줄 수 있다.

---

46) Ibid., 546.

47) 로이드 존스, 『성령 하나님』 이순태 역 (기독교문서선교회, 2000), 129.

부득이한 경우에는 모든 사람이, 세례를 받지 않은 사람까지도, 세례 집전에 합당한 의향을 지니고 있는 경우, 성삼위의 이름이 명시된 세례 양식문을 사용하여 세례를 줄 수 있다.[48]

이제 여기서 우리가 흥미롭게 여겨야 할 부분이 있다. 그것은 대다수 종교개혁자 및 청교도들은 성령께서 죄인들을 거듭나게 하는 수단으로 기록된 하나님의 말씀(성경)보다는 선포된 말씀(설교)을 더 자주 사용하신다고 믿었다는 점이다.[49] 물론 성경말씀을 통해서 죄인들이 회심하는 일이 많다. 그럼에도 불구하고 하나님은 성령의 능력으로 붙잡힌 경건한 종들의 입을 통한 말씀으로 죄인들을 거듭나게 하시길 기뻐하신다는 말이다. 이런 이유 때문에 교회사에서 설교자가 타락하면 죄인들의 중생이 희귀하게 된다. 반면 성령으로 충만하고 경건한 설교자가 등장하면 수많은 회심자들이 동반되었다.

다시 죄인들의 중생에 있어서 성령의 절대성 문제를 다루어보자.

성령님은 죄인들을 중생하게 하기 위해 말씀을 도구로 사용하신다고 했다. 이 말은 성령님께서 때로는 당신의 주권에 의해 말씀이라는 수단 없이도 죄인들을 중생하게 하실 수 있으시다는 말이다. 물론 이런 일은 결코 흔하지 않은 아주 특별한 케이스다. 예를 들어서 누가는 사도 요한이 태어나

---

48) 가톨릭교리서 1256항.

49) Ibid.

기도 전에 "모태로부터 성령의 충만함을"(눅 1:15) 받았다고 기록한다. 이는 그가 말씀을 듣지도 않은 상태에서 태중에 거듭났음을 보여준다. 헤르만 바빙크Herman Bavinck도 동의하기를 "중생은 제한된 의미에서 유아기, 의식이 깨어나기 전, 세례를 받기 전 혹은 세례 가운데, 심지어 이미 태어나기 전에 이미 발생할 수 있다"[50]고 하였다. 뿐만 아니라 중생이 성령님께서 말씀이라는 질료(質料) 없이도 얼마든지 일어날 수 있기 때문에 유아기에 죽은 모든 아이들의 구원에 대해서도 절망하지 않으며, 부인할 필요가 없다고 했다.[51]

이제 마지막으로 중생한 자가 죄를 짓지 않는다고 한 요한의 가르침을 살펴보자.

요한일서 3장 9절을 보면 "하나님께로부터 난 자마다 죄를 짓지 아니하나니 이는 하나님의 씨가 그의 속에 거함이요 그도 범죄하지 못하는 것은 하나님께로부터 났음이라"고 한다. 이 가르침은 오해의 소지가 많다. 율법주의의 관점에 있는 사람들은 이 가르침을 통해서 신자가 거듭나면 완전해진다고 생각한다. 반대로 무율법주의 관점으로 이 말씀을 보는 사람들은 신자가 거듭난 이후에는 어떤 잘못을 범하더라도 죄로 여겨지지 않는다는 식으로 오해한다.

---

50) 헤르만 바빙크, 『개혁교의학』, 박태현 역 (부흥과개혁사, 2011), 137.

51) Ibid., 137-138.

그러나 이 가르침은 신자가 거듭나면 더 이상 죄를 범하지 않는다는 말이 아니다. 죄를 즐길 수 없음을 말한다(롬 7:15). 거듭나기 이전 자연인 상태에서는 죄를 전인격적으로 즐겼다. 물론 자연인들도 죄를 범할 때 양심의 가책을 느낀다. 그럼에도 불구하고 죄를 본성의 동의에 의해 전인격적으로 즐기게 된다. 이 과정을 통해서 자연인들은 그 양심이 점점 마비된다. 그러나 거듭난 이후엔 죄를 범하더라도 죄를 즐거워할 수 없다. 이 말은 거듭난 양심은 마비되지 않는다는 뜻이다. 도리어 죄를 범할수록 그 괴로움과 무거움이 심해진다. 바울의 표현처럼 마지막 아담으로부터 태어난 속사람(거듭난 본성)은 하나님의 법을 즐거워한다(롬 7:22).

하지만 첫 아담으로부터 물려받은 육체는 죄의 법을 즐거워하여 신자를 사로잡는다(롬 7:23). 따라서 바울은 죄 가운데 수시로 떨어지는 신자의 상태를 향하여 "이제는 그것을 행하는 자가 내가 아니요 내 속에 거하는 죄니라"(롬 7:17)고 한다. 사도 요한의 가르침처럼 하나님께로부터 난 자는 본성적으로 죄를 행하지 않는다. 그 죄를 범하는 실체는 내 속에 거하는 타락한 본성이다.

그러므로 한 사람이 거듭나면 그 순간부터 예외 없이 죄와 싸우는 삶이 시작된다. 하나님의 법을 즐거워하는 거듭난 본성과 죄를 즐거워하는 육체의 본성이 죽는 그날까지 치열하게 대립하게 된다. "육체의 소욕은 성령을 거스르고 성령은 육체를 거스르나니 이 둘이 서로 대적함으로 너희가 원하는 것을 하지 못하게 하려 함"(갈 5:17)이 죽는 날까지 계속된다. 신자가 아무리 성령의 소욕으로 충만해도 육체와 사탄은 우리를 지배하려 한다. 반대로 우리가 아무리 육체의 소욕에 사로잡힐지라도 거듭난 본성과 성령님은 우리를 다시 회복시키려 한다.

만일 중생했다고 하면서도 이런 치열한 두 본성의 치열한 싸움을 알지 못한다면, 그는 아직 중생이 무엇인지 알지 못하는 사람이다. 하나님의 말씀이 생명의 양식이 된다는 것을 알지 못하고, 기도하지 않고서도 얼마든지 신자의 삶을 유지하는데 어려움을 느끼지 못한다면 하나님의 은총을 알지 못한다고 할 수 있다.

신자는 말씀을 통해 성령의 능력으로 첫 아담에게서 죽고, 마지막 아담으로부터 다시 태어난다. 그러므로 신자는 이 세상을 떠나는 그날까지 말씀이 생명을 유지하는 양식이 된다는 사실을 본성적으로 안다. 또 기도하지 않고서는 결코 영적인 숨 쉴 수 없다는 것도 안다.

☞ 중생의 정의

중생이란 성령의 주권적인 역사로서 그리스도 안에서 다시 태어나 새로운 본성으로 살게 된 것을 말한다.

분별은 개념이다

15

회심

15
회심

　최근 들어 한국교회 안에서 '회심'이라는 단어가 자주 회자된다. 이전엔 하나님을 대적하거나 방탕하게 살던 사람이 회심하여 새 사람이 되었다고 한다. 회심이란 단어를 교회에서 자주 사용하는 것은 좋은 현상이다. 그러나 그 용어를 오용(誤用)한다면 안 사용하느니만 못하다. 용어의 오용은 곧 신앙의 타락으로 가기 때문이다.

　로마 가톨릭의 타락이 바로 용어의 오용에 있었다. 그래서 루터는 가톨릭의 문제는 도덕성 문제가 아니라 신학의 문제[52]라고 했다. 여기엔 예외가 없다. 용어를 사용하더라도 의미를 바로 알고 정확하고 신중하게 사용해야 교회가 개혁된다. 종교개혁이 이를 잘 말해준다. 종교개혁은 가톨릭에 의해 오용되었던 용어를 다시 성경적으로 되찾아온 역사였다. 용어를 성경적으로 회복하면서 교회는 자연스럽게 개혁되었다.

---

52) 앨리스터 맥그래스, 『종교개혁사상』 최재건 역 (CLC, 2006), 106.

무엇보다 오늘날 그릇된 회심관은 신자들의 도덕적 방종과 교회 타락의 원흉이 되었다. 상당수 사람들이 잘못된 회심관으로 왜곡된 구원의 확신에 빠졌고, 여기서 도덕적 방종이 나왔다. 사실 이 문제는 어제오늘의 문제는 아니다. 종교개혁시대나 청교도 시대에서도 흔히 나타났던 골치 아픈 문제였다. 때문에 개혁자들이나 청교도들은 이 문제를 정확하게 가르치기 위해 온 힘을 기울였다.

그러면 성경이 가르치는 '회심'이란 무엇인가.

한자로 '돌이킬 회(回)'와 '마음 심(心)'을 사용한다. 마음을 돌이키는 것이 회심이다. 영어로는 'conversion'(변환, 전환)으로 표현한다. 조직신학에서 회심은 중생에 뒤따라 일어나는 것으로서 '회개'와 '신앙'(믿음)으로 구성된다고 가르친다.

존 머레이 교수는 "구원적 신앙은 회개와 결합되어 있고 회개는 신앙과 결합되어 있다"[53]고 했다. 회심을 했다고 하지만, 회개가 없다면 결코 참된 회심이라 할 수 없다. 또 회개가 있다고 하지만, 하나님을 향한 믿음(신앙) 없는 형식적 회개는 참된 회심이 아니다. 오늘날 교회 안에서 소위 회심했다고 주장하는 사람들 가운데 상당수가 회개나 신앙 가운데 하나가 결여된 경우가 많다. 이것이 교회가 도덕적으로 타락하게 되는 핵심이다.

---

53) 존 머레이, 149.

여기서 결코 잊지 말아야 할 점은 회심이 '중생에 뒤따라 일어나는 것'이라는 사실이다. 신자의 회심이 '내면 본성의 본질적인 변화'로 말미암아 일어난 자연스러운 현상이어야 한다는 말이다. 교육에 의한 변화나, 훈련에 의한 변화가 아니다.

교육이나 훈련의 결과에 의한 점진적 변화는 본성 자체가 하나님과 관계를 회복함으로 나타난 변화와 근본적으로 다르다. 교육이나 훈련으로 달라진 사람은 세상과 구별된 변화를 기대할 수 없다. 본질은 달라진 것이 없는데 형태만 달라진 것과 같다. 석유를 가공하여 휘발유나 경유나 플라스틱, 비닐, 합성섬유를 만들어도 본질은 구별되지 않는다. 외적으로 구분은 되지만 본질이 구별되지는 않는다. 이런 것들은 다시 본래의 성질로 돌아가려는 성질이 나타난다. 교육이나 훈련으로 회심을 말하는 사람들의 신앙도 마찬가지다. 시간이 지나면 점차 옛적 삶으로 돌아간다. 타락하거나 혹은 바리새인 같은 위선적인 신자가 된다. 회칠한 무덤처럼 생명 없이 종교적 형식만 가득하다. 말만 무성하고 경건의 능력이 나타나지 않는다. 오늘날 제자 훈련이나 성경공부로 양육된 신자들에게 이런 모습은 흔히 나타나는 모습이다.

진정으로 회심한 사람은 시간이 갈수록 점차 주님을 닮아간다. 이것을 신학 용어로 '성화'라고 한다.

성화는 회심이라는 극적인 변화 후에 점진적으로 성장하고 변화하는 상태를 말한다. 이것은 회심한 자가 회개와 신앙이 지속적으로 일어난다는 사실을 보여준다. 그러므로 성화가 단회적으로 그치지 않는다. 어려운 환경 가운데서도 영적 성장이 멈추지 않는다. 이것은 의지의 결과가 아니다. 은혜의 결과이다. 생명이 있기 때문에 나타나는 자연적인 현상이다. 마치 생명 있는 나무가 자연스럽게 성장하는 것과 같다. 또 하나님의 자녀된 신분의 특권이기도 하다. 그리스도의 생명이 들어간 심령은 하나님의 보존과 통치와 간섭의 은혜로 지속적인 회개와 신앙의 삶을 살아간다. 이것이 교육과 훈련의 결과로 회심했다는 사람들과 근본적인 구별이다.

누가복음 19장에서 삭개오는 회심한 사람의 전형을 보여준다.

그는 오늘날 우리가 흔히 생각하는 것처럼 제자 훈련이나 많은 교육을 받지 않았다. 그러나 그는 예수님의 말씀을 듣고 그 자리에서 "주여 보시옵소서 내 소유의 절반을 가난한 자들에게 주겠사오며 만일 누구의 것을 속여 빼앗은 일이 있으면 네 갑절이나 갚겠나이다"(눅 19:8)라고 고백했다. 중생함으로 말미암아 회개와 믿음으로 반응한 즉각적 결과다.

성경에서 이렇게 '회개와 믿음'으로 반응하는 외적 열매를 '표징'이라 한다. 구약에서 언약의 표징이 '할례'였다면, 신약에서는 '십자가'로 언급된다. 갈라디아서를 보면 바울은 할례의 문제를 다루면서 "할례나 무할례가 아무것도 아니로되 오직 새로 지으심을 받는 것만이 중요하니라"(6:15)고 한다. 새로 지으심 받는 것은 무엇을 의미하는가? 바울은 그 다음 구절인 갈라디아서 6장 17절에서 "예수의 흔적"이라고 가르친다. 예수의 흔적이란 무엇인가? 십자가다. 날마다 회개와 신앙으로 열매 맺는 삶이다. 바울은 회개와 신앙으로 반응한 자신의 열매가 바로 중생된 표징이라고 자랑스럽게 말하는 것이다. 이것은 교육과 훈련으로 만들어 낼 수 없는 것들이다.

예수님의 십자가 사건을 떠올려 보자.

예수님께서 십자가에 못 박혔을 때, 그분의 곁에는 두 사람의 죄인도 좌우에 매달려 있었다. 이 두 명의 죄인 가운데 한 편 강도는 그 자리에서 회심한다. 그러나 그도 처음엔 반대편 죄인처럼 예수님을 극렬하게 비난했던 사람이었다. 마태복음은 이들이 모두 예수님을 모욕하고 비난했다는 사실을 아주 분명하게 가르친다.

"그가 하나님을 신뢰하니 하나님이 원하시면 이제 그를 구원하실지라 그의 말이 나는 하나님의 아들이라 하였도다 하며 함께 십자가에 못 박힌 강도들도 이와 같이 욕하더라" (마 27:43-44)

여기서 마태는 예수님을 향하여 모욕을 한 죄인을 분명 '복수'로 "십자가에 못 박힌 강도들(the rebels)"이라고 했다. 그런데 이 두 사람 가운데 한 사람이 그 고통스러운 십자가 형틀에서 예수님을 바라보며 회심을 했다. 그러자 그에겐 훈련과 교육으론 불가능한 변화가 나타났다. 누가복음은 이 놀라운 변화를 정확하게 다음과 같이 증거한다.

"달린 행악자 중 하나는 비방하여 이르되 네가 그리스도가 아니냐 너와 우리를 구원하라 하되 하나는 그 사람을 꾸짖어 이르되 네가 동일한 정죄를 받고서도 하나님을 두려워하지 아니하느냐 우리는 우리가 행한 일에 상당한 보응을 받는 것이니 이에 당연하거니와 이 사람이 행한 것은 옳지 않은 것이 없느니라 하고 이르되 예수여 당신의 나라에 임하실 때에 나를 기억하소서" (눅 23:39-42)

방금 전까지만 해도 반대편 죄수와 함께 예수님을 비방하며 모욕하던 죄인이 완전히 변했다. 영어로 'conversion'했다. 그는 시간이 지나면서 한 편 강도처럼 예수님을 비방하고 욕하지 않았다. 도리어 한 편 강도가 예수님을 향하여 "네가 그리스도가 아니냐 너와 우리를 구원하라"고 비난하자 그 사람을 꾸짖으며 예수님을 변증했다. 도리어 자신들의 죄를 회개하고 하나님의 끔찍한 징계가 공의롭고 정당하다고 고백한다. "네가 동일한 정죄를 받고서도 하나님을 두려워하지 아니하느냐 우리는 우리가 행한 일에 상당한 보응을 받는 것"이라고 한다. 더 나아가 예수님을 가리켜 "이 사람이 행한 것은 옳지 않은 것이 없느니라"고 한다. 그리고 더 나아가 "예수여 당신의 나라에 임하실 때에 나를 기억하소서"라고 주의 이름을 부른다.

이런 한 편 강도의 모습은 분명히 훈련과 교육으로 불가능한 열매를 보여준다. 그에게서 우리는 극심한 고난 중에도 주님을 따르는 생명을 보게 된다. 이것을 성경은 '영생'(eternal life)이라 한다. 예수님은 영생을 "사람이 내 말을 지키면 영원히 죽음을 보지 아니하리라"(요 8:51)고 가르치셨다. 영생이란 삭개오처럼 주의 계명을 온전히 지키는 자리로 돌아오는 것이다. 이렇게 주의 계명을 '회개와 신앙'으로 지키게 된 상태를 '회심'이라 한다. 때문에 예수님은 이런 구원의 표징을 보인 한 편 강도를 향하여 "내가 진실로 네게 이르노니 오늘 네가 나와 함께 낙원에 있으리라"(눅 23:43)고 선언하신다. 이 선언은 삭개오가 '회개와 신앙'으로 반응했을 때(율법을 지키겠다고 고백했을 때), "오늘 구원이 이 집에 이르렀으니 이 사람도 아브라함의 자손임이로다"(눅 19:9)라고 선언하신 부분과 일치한다.

여기서 용어의 혼란이 생기지 않도록 해야 한다. 회심은 거듭난 죄인이 하나님을 향하여 돌이키는 '단회적인 사건'이라면, '회개'와 '신앙'(믿음)은 그 후 지속적으로 신자의 삶 전체에 일어나는 사건이다. 회심은 인생의 방향이 바뀐 사건을 지칭한다면 회개와 신앙은 그 방향을 향해 지속적으로 진행됨을 뜻한다. 회심은 결혼이라면, 회개와 신앙은 결혼생활이라고 할 수 있다. 신자는 분명히 중생을 통해 완전히 구원을 받는다. 새로운 피조물이 되고 의롭다 칭함(칭의)을 받는다. 하나님의 양자로 입양된다. 그러나 이 모든 것은 반복적으로 나타나는 회개와 신앙(믿음)을 통해 진위(眞僞)가 입증된다. '성화'로 입증된다는 말이다.

앞에서도 언급했던 것처럼 '표징'은 언약의 진위를 가리는 '하나님의 사인 (sign)'과 같다. 따라서 이 하나님의 사인(표징)이 나타나지 않는다면 그의 회심은 서명(Sign) 없는 계약서에 불과하다. 그러므로 신자는 두렵고 떨림으로 자신의 회개가 신앙에 근거한 것인지, 반대로 자신의 신앙이 회개를 동반하는지 점검해야 한다. 회개는 있는데 믿음(신앙)에 근거한 것이 아니라면 위선이다. 믿음(신앙)은 있다고 하는데 회개의 합당한 열매가 명확히 나타나지 않는다면 '죽은 믿음'일 뿐이다(약 2:17). 결혼은 했다고 하는데 결혼생활이 없다면 위장결혼일 뿐이다.

이제 회심과 관련하여 반드시 집고 넘어가야 할 부분이 있다. 바로 '일시적 신앙'(Temporal Faith)이다.

일시적 신앙은 구원의 표징이 일시적으로 나타난 상태를 말한다. 일시적으로 믿음에 의해 회개의 합당한 열매가 나타나고 진정으로 참회하는 회개가 있다. 그런데 점차 옛적 삶으로 돌아간다. 인생의 방향이 다시 세상으로 돌아간다. 베드로가 지적한 것처럼 의의 도를 안 후에 받은 거룩한 명령을 저버린다. 베드로는 이런 사람들을 향하여 옛 속담을 인용하여 "개가 그 토하였던 것에 돌아가고 돼지가 씻었다가 더러운 구덩이에 도로 누웠다 하는 말이 그들에게 응하였도다"(벧후 2:22)라고 비유했다.

번연은 『천로역정』에서 데마를 일시적 신앙으로 지적한다. 데마는 바울의 동역자였다. 그는 마가, 아리스다고, 누가와 함께 복음을 위해 수고했던 사람이었다. 그런데 바울이 로마에 수감되자 바울을 떠났다. 그 이유를 바울은 "데마는 이 세상을 사랑하여 나를 버리고 데살로니가로 갔다"(딤후 4:10)고 한다. 인생의 방향이 다시 세상으로 향한 것이다. 히브리서 기자는 일시적 신앙에 대하여 아주 잘 설명해준다. 그는 처음에 "한 번 빛을 받고 하늘의 은사를 맛보고 성령에 참여한 바 되고 하나님의 선한 말씀과 내세의 능력을 맛본"(히 6:4) 사람이다. 그런데 일시적 신앙의 문제는 이 비춤이 지속적이지 못하다는 데 있다. 과거에 변화가 없었다는 것이 아니다. 분명히 은혜를 받은 변화가 있었다. 그런데 그 변화가 지속적이지 않다. 지속적이지 않을 뿐 아니라 다시 옛적 모습으로 회귀하고 있다는 데 있다. 물론 종교적 행위는 지속한다. 그러나 종교 행위 안에 믿음과 생명의 흔적을 찾아보기 어렵다. 시험을 이길 힘이 없다. 히브리서 기자의 지적처럼 "땅이 그 위에 자주 내리는 비를 흡수하여 밭 가는 자들이 쓰기에 합당한 채소를" 내는 것이 아니라, "가시와 엉겅퀴를 내는" 상태가 된다. 말씀을 듣지만 아름다운 열매를 맺는 것이 아니다. 가시와 엉겅퀴를 낼 뿐 아니라 더 썩어 간다. 세상과 구별됨이 없다. 신학적 지식은 많을지 모르나 성령의 조명이 없어서 분별력은 없다. 일시적 신앙은 마치 머리카락이 잘린 후에 "내가 전과 같이 나가서 몸을 떨치리라"(삿 16:20)고 착각하는 삼손의 비참한 모습과 같다. 왕년(往年)만 생각한다.

그러면 일시적 신앙(일시적 회심)의 원인과 특징이 무엇인지 보자.

이들은 대부분 자신의 영혼의 전적 타락과 무능에 대한 심각한 자각이 없다. 루이스 벌코프는 진정한 회심이란 "경건한 슬픔에서 나오며 또한 하나님께 헌신하는 생활을 결과한다"[54]고 했다. 존 번연도 『천로역정』에서 한 사람의 회심이 자신의 죄인 됨과 무능에 대한 경건한 슬픔에서 시작하여 십자가 아래서 죄 짐을 벗는 십자가 체험이 있어야 함을 가르친다. 번연 자신도 자

---

54) 루이스 뻘콤, 148.

신의 전적 타락과 무능에 대한 극심한 고뇌를 충분히 경험한 가운데 회심했음을 그의 자서전에서 밝히고 있다.

분명히 말하지만 성경에서 가르치는 회심의 순서에서 율법을 통한 죄인됨의 충분한 각성은 선택이 아니라 필수다. 성령은 죄인의 회심 전에, 율법을 통해 죄인이 그리스도를 붙잡지 않고서는 견딜 수 없는 처참한 상태임을 먼저 조명하신다. 이것을 청교도들은 "예비적 은혜의 교리"[55]라 한다. 이 과정에서 죄인은 견딜 수 없는 해산의 수고를 경험한다. 그 기간이 짧을 수도 있지만, 길게는 몇 년이 가기도 한다. 성령님은 이 과정 가운데 죄인들이 오직 그리스도만을 바라보게 될 때까지 인내하게 하신다. 마치 개처럼 무시를 당했던 가나안 여인이 모욕을 참고 그리스도의 긍휼을 구했던 것처럼 말이다. 이렇게 인내하며 그리스도를 붙잡고 회심한 사람은 그 후에 어떤 어려움과 괴로움이 있더라도 그리스도를 떠나거나 배반하지 않는다.

한 사람의 회심이 이렇게 율법과 그리스도를 붙잡음으로 이어짐을 존 플라벨John Flavel은 "율법은 상처를 입히고 복음은 치료한다"[56]는 말로 설명했다. 칼빈은 택함 받은 자 안에 믿음을 준비시킬 때 "주님은 그들에게 자주 은밀한 욕구를 전달하고, 그로 말미암아 그들은 주님에게 이끌린다"[57]고 했다. 마치 의사가 환자를 치료하기 위해 메스로 살을 가르는 것처럼 말이다.

---

55) 조엘 비키, 마크 존스, 512.

56) Ibid., 515.

57) Ibid., 524.

그럼에도 불구하고 회심은 율법이 주는 것이 아니다. 율법은 단지 병을 치료하기 위해 배를 가르는 역할만 한다. 회심은 오직 복음을 통해서만 일어난다. 배를 갈랐다고 치료가 되는 것이 아니다. 배를 가른 후에 적절히 치료를 해야만 완치된다. 율법은 하나님의 치료를 겸손하게 받아들이도록 한다면, 복음은 겸손해진 심령을 치료한다.

율법으로 철저히 겸비해진 사람들은 복음의 메시지를 비로소 듣고 깨달을 수 있게 된다. 그들은 복음을 마음에 새긴다. 이전엔 평범하고 거칠게 들리던 복음이 생명처럼 들리게 된다. 예수님은 "너희 가난한 자는 복이 있나니 하나님의 나라가 너희 것임이요 지금 주린 자는 복이 있나니 너희가 배부름을 얻을 것임이요 지금 우는 자는 복이 있나니 너희가 웃을 것"(눅 6:20-21)이라고 말씀하셨다. 그러나 반대로 "화 있을진저 너희 부요한 자여 너희는 너희의 위로를 이미 받았도다 화 있을진저 너희 지금 배부른 자여 너희는 주리리로다 화 있을진저 너희 지금 웃는 자여 너희가 애통하며 울리로다"(눅 6:24-25)고 경고하셨다.

그러나 교회 안에 이런 과정 없이 회심을 경험했다는 사람들이 많다. 이들은 여전히 육체를 신뢰한다. 예수를 믿기 위해 아무 것도 버린 것이 없다. 그러므로 이런 사람들은 기도보다 이성이 앞선다. 성경의 가르침보다는 경험이나 철학이 앞선다. 자기 부인을 알지 못한다. 하나님께 열심을 가지고 있는 듯 보이지만 진리를 따르는 열심은 없다. 형제를 내 몸처럼 사랑할 줄 모른다. 이런 사람들을 향하여 번연은 십자가 체험 없이 담 넘어 순례의 길을 걷는 사람들이라 한다. 그들은 날마다 십자가 앞에서 정과 육을 못 박는 쓰라린 고통을 모르고 지름길을 따라 헛된 영광을 추구하는 사람들이다.[58]

그러나 율법을 통해 자신의 죄인 됨과 비참을 지각했다 해서 회심을 의미하지 않는다. 플라벨은 죄를 자각하는 예비적인 조명과 달리 구원하는 조명이 있다고 가르친다.[59] 그는 죄를 자각하는 예비적인 조명과 구원하는 조명을 다음과 같은 방식으로 구분한다.

첫째, 죄의 자각은 지성과 양심에 영향을 미치지만 구원은 오로지 의지를 변화시킨다. 둘째, 죄의 자각은 죄인에게 하나님의 두려운 공의와 능력에 대한 강력한 깨달음을 제공하지만, 오직 구원하는 조명은 죄인에게 하나님의 마음을 사로잡는 사랑에 대한 영적 의식을 제공한다.[60]

율법과 복음 선포를 통한 회심은 "말씀이 효과적이고 강하게 역사해서 그들의 헛된 소망을 죽인다"[61]고 한다. 말씀만이 오로지 회심 도구가 된다. 찬양이나 프로그램, 심리상담, 위로, 종교영화, 신비한 체험, 안수기도 등으로 회심을 주장하는 것은 성경의 가르침과 거리가 멀다. 베드로는 우리의 회심이 오로지 "썩어질 씨로 된 것이 아니요 썩지 아니할 씨로 된 것이니 살아있고 항상 있는 하나님의 말씀으로 되었느니라"(벧전 1:23)고 명확하게 가르

---

58) 존 번연, 『천로역정』 유성덕 역 (크리스챤다이제스트, 2005), 77.

59) 조엘 비키, 마크 존스, 518.

60) Ibid., 519.

61) Ibid.

친다. 왜냐하면 회심이란 우리의 마음 판(심비/心碑)에 하나님의 율법이 각인된 사건이기 때문이다. 하나님께서 사랑의 율법을 우리 속에 두며 우리의 마음에 기록한 사건이다(렘 31:33). 이것을 바울은 "하나님의 사랑이 우리 마음에 부은 바 됨"(롬 5:5)이라고 했다.

그러므로 진정한 회심은 율법의 두 강령, "마음을 다하고 목숨을 다하고 뜻을 다하여 주 너의 하나님을 사랑하라"(마 22:37) 하신 것과 "네 이웃을 네 자신 같이 사랑하라"(마 22:39)를 따름으로 나타난다. 이것이 일시적으로 나타나는 것이 아니라, 지속적으로 나타나야 한다. 여기서 두렵고 떨림으로 구원을 이루는 태도를 견지하게 된다.

마지막으로 한 가지만 언급하고 마무리 하자.

죄인은 스스로 회심할 수 없다. 그러나 좌우의 날선 검처럼 찌르는 말씀을 듣고 겸비해진 죄인이 주의 이름을 부른다면 주님은 응답하신다. 복음서에서 구원받은 사람들은 하나같이 주님께 긍휼을 간절히 구했던 사람들이다. 주님께 차갑게 거절당하거나, 혹은 환경의 극심한 저항 속에 있을지라도 주님께 긍휼을 구한 사람들은 구원을 받았다. 그들은 인내하며 "다윗의 자손 예수여 나를 불쌍히 여기소서"(막 10:47)라고 부르짖을 때 구원을 받았다. 왜냐하면 성경은 "누구든지 주의 이름을 부르는 자는 구원을 받으리라"(롬 10:13)고 약속했기 때문이다. 그러나 주님을 간절히 찾지 않는 사람에겐 구원이 주어지지 않았다. 그들은 "자기의 손을 그릇에 넣고서도 입으로 올리기를 괴로워"(잠 19:27)하는 게으른 사람들이다. 이런 사람들에게 회심은 기대할 수 없다. 그들에겐 자기의 회심을 남들에게 가장하기 위한 위선만 점점 자라날 뿐이다.

☞ 회심의 정의

회심이란 율법으로 겸비해진 죄인이 말씀을 받아 거듭나서 하나님을 사랑하고 이웃을 사랑하는 마음으로 돌이켜진 것이다.

분별은 개념이다

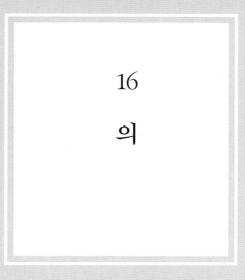

16

의

16

의

종교개혁의 도화선이 된 교리는 '칭의'다. 루터는 죄인이 어떻게 하나님 앞에서 의롭게 될 수 있는지 고민했다. 그는 의롭게 되기 위해 극심한 고행과 반복되는 고해와 선행을 다 해 보았다. 그가 그렇게 할수록 자신의 의는 누더기에 불과하다는 확신만 점점 더 심해질 뿐이었다. 그의 고민은 어떻게 하면 남들보다 더 의로워질 수 있느냐(상대적 의)가 아니었다. 어떻게 해야 하나님의 심판을 견딜 수 있는 온전한 의(절대적 의)에 도달할 수 있는가였다. 왜냐하면 하나님의 심판대 앞에서 심판을 견디기 위해서는 남들보다 더 의로운 것은 아무 의미가 없기 때문이다. 오직 온전한 의로움만 필요했다. 하나님의 심판은 상대평가가 아니라 절대 평가이기 때문이다.

아무리 덕을 많이 쌓고 의롭게 살았다고 하더라도 조그만 죄가 있다면 그것으로도 지옥 형벌을 받기에는 충분하다. 하나님의 심판은 죄의 많고 적음의 문제가 아니다. 단지 죄가 없는 사람인가 있는 사람인가로 판결될 뿐이다. 조그만 흠과 점이라도 죄가 있으면 영벌에, 흰 눈처럼 죄가 없으면 영생에 들어가게 된다(마 25:46).

문제는 아무도 하나님 앞에서 한 치의 흠도 없이 의로울 수 없다는 점이다. 바울은 "모든 사람이 죄를 범하였으매 하나님의 영광에 이르지 못하더니"(롬 3:23)라고 한다. 하나님 앞에서 의롭다 할 인생은 전혀 없다는 말이다. 여기까지는 누구나 동의한다. 그래서 사람들은 선행으로 죄를 덮으려 한다. 공덕을 많이 쌓으면 죄가 탕감될 수 있다고 생각한다. 그러나 선행을 많이 한다고 해서 죄가 상쇄(相殺)되는 것은 아니다. 애석하게도 이런 태도는 성경적인 죄의 해결책이 아니다. 죄는 정당한 대가를 치를 때 비로소 죄책(罪責/죄에 대한 책임)이 사라진다.

그러면 죄에 대한 정당한 대가가 무엇인지 질문을 던지게 된다. 성경은 어떤 죄든 하나님 앞에서 '사망'으로 대가를 치르게 된다고 가르친다. 히브리서 9장 22절은 다음과 같이 가르친다.

"율법을 따라 거의 모든 물건이 피로써 정결하게 되나니 피흘림이 없은즉 사함이 없느니라" (히 9:22)

"피흘림이 없은즉 사함이 없느니라"는 말이 의미하는 바가 무엇인가? 죄의 대가는 죽음이라는 뜻이다. 이것을 구약의 제사가 잘 설명해준다. 구약의 제사는 죄의 대가로 다른 짐승의 생명을 요구한다. 다른 짐승이 죄인을 위해 죽으면 죄가 씻어진다는 것이다. 이것이 성경의 일관적인 가르침이다. 선행을 많이 하면 죄가 상쇄될 것이라고 생각하는 것은 전형적인 이방 종교의 접근방식이다. 선행은 선행이고, 죄는 죄다. 살인범이 선행을 많이 했다고 해서 살인죄가 상쇄되지 않는다. 물론 선행은 칭찬받을 일이다. 그러나 죄는 선행과 관계없이 별개의 것으로 취급될 뿐이다. 이 때문에 성경은 신자의 선한 행위가 구원의 조건이라고 가르치지 않는다. 구원의 조건이 될 수도 없다. 선행을 많이 한다고 해도 죄인은 그 죄 때문에 죽어야 하기 때문이다. 따라서 선행은 구원받은 신자의 감사와 찬송으로만 의미가 있을 뿐이다.

이제 이 시점에서 우리는 이 세상 모든 사람이 죄인(의롭지 못한)의 신분으로 태어난다는 점을 살펴보아야 한다.

여기서 원죄(Original sin)의 문제가 나온다. 인류의 조상인 아담과 하와가 죄를 범함으로 말미암아 모든 사람들은 죄인의 신분으로 태어난다. 다윗은 시편에서 "내가 죄악 중에서 출생하였음이여 어머니가 죄 중에서 나를 잉태하였나이다"(시 51:5)라고 고백했다. 바울도 로마서 5장 12절에서 "그러므로 한 사람으로 말미암아 죄가 세상에 들어오고 죄로 말미암아 사망이 들어왔나니 이와 같이 모든 사람이 죄를 지었으므로 사망이 모든 사람에게 이르렀느니라"고 분명하게 가르쳤다. 구약과 신약은 이처럼 인간이 태어날 때부터 죄인의 신분으로 태어남을 일관성 있게 가르친다.

그럼 죄인의 신분으로 태어난다는 말이 의미하는 바가 무엇인가? 모든 사람이 태어날 때부터 하나님의 진노와 심판의 대상으로 태어난다는 말이다. 뿐만 아니라 모든 사람들이 하나님과 원수 상태로 태어난다는 말이다.

이 원죄 상태를 바울은 "하나님을 알되 하나님을 영화롭게도 아니하며 감사하지도 아니하고 오히려 그 생각이 허망하여지며 미련한 마음이 어두워졌나니"(롬 1:21)라고 한다. 죄인으로 태어났어도 인간은 본성적으로 하나님의 존재를 안다. 신에 대한 감각을 가지고 있다. 그래서 종교를 만들거나, 절대적인 어떤 대상(돈, 힘, 명예, 행복 등)을 숭배한다. 이런 모습은 본성적으로 하나님에 대한 감각 때문이다. 그런데도 타락한 인간은 하나님의 존재를 애써 외면하거나 부인한다. 영화롭게도 아니하며 감사하지도 아니하며 사랑하지 않는다.

원죄 문제는 단순히 지옥의 심판을 받게 되었다는 신분의 문제로만 볼 수 없다. 인간이 죄인으로 태어났다는 말은 전인격적으로 하나님과 원수된 상태를 지칭하는 표현이다. 그러므로 성경이 가르치는 의인이란 단순히 신분적(법정적)으로나, 혹은 도덕적으로만 생각하면 곤란하다. 이보다 더 적절한 표현은 하나님과 올바른 관계를 회복한 상태다. 다른 말로 하나님과 사랑하는 관계가 되었음을 뜻한다.

여기서 우리는 믿음으로 의롭게 된다는 '칭의'가 어떤 식으로 오해받고 있는지 알 수 있다. 성경은 우리가 행위로 의롭게 될 수 없고, 오직 믿음으로만 의롭게 된다고 가르친다.

행위로 의롭게 될 수 없는 첫 번째 이유는 신분의 문제 때문이다. 인간은 태어날 때부터 죄인의 신분으로 태어난다. 이는 마치 노예의 자녀는 자기 의지와 관계없이 노예 신분을 받는 것과 같다. 노예 신분으로 태어난 자녀는 아무리 자유인처럼 행동한다고 해도 자유인이 될 수 없다. 신분의 문제는 법적인 문제이지 행위의 문제가 아니다.

두 번째로 행위로 의롭게 될 수 없는 이유는 앞에서 이미 언급한 것처럼 그가 이미 죄인이기 때문이다. 죄인은 선행을 많이 한다고 해서 의인이 되지 못한다. 그는 이미 법적으로 죄인이다. 앞에서 언급한 것처럼 선행을 많이 한 것은 분명히 칭찬할 일이지만, 죄인은 자기 죄에 대한 대가를 치러야 한다. 이것이 법의 속성이다.

그러면 왜 믿음으로만 의롭게 된다는 것인가?

믿음이란 새로운 탄생을 의미하기 때문이다. 옛 아담으로부터 태어난 삶이 죽고 마지막 아담(예수님)으로부터 다시 태어나게 하는 것이다. 이것을 중생, 혹은 거듭남이라 한다. 옛 아담(죄의 조상)으로부터 태어나서 죄인의 신분을 전가 받았다면, 마지막 아담(의의 조상)으로부터 다시 태어남으로 의의 신분을 전가 받는다. 여기서 의인의 신분은 마지막 아담이신 예수님께서 율법의 완성을 이루신 의이다. 예수님의 의는 실질적으로 완전히 율법을 다 지키신 의다. 예수님의 의가 율법적으로 완전한 실제적인 의였다는 사실은 부활로 입증되었다. 부활이 의미하는 바가 무엇인가? 예수님의 죽음이 우리 죄를 위해서 죽으심이요, 자신의 죄로는 죽을 이유가 없음을 말한다. 예수님은 하나님 앞에서 의롭기 때문에 부활하신 것이다. 그래서 신학자들은 예수님의 부활을 성부의 칭의라고 한다.

그러나 신자의 의로움은 실제적 의가 아니라 전가된 의다. 죄인인 첫 아담으로부터 죽고 의인이신 마지막 아담으로부터 다시 태어남으로 얻게 된 새로운 신분이다. 그런데 문제는 우리의 영은 그리스도로부터 다시 태어났기 때문에 의롭게 되었지만, 우리의 육신은 옛 아담으로부터 받은 것이므로 여전히 죄인 됨에서 벗어나지 못한다. 이것을 루터는 "의인이면서 동시에 죄인"(simul iustus et peccator)이라고 했다.[62] 다른 말로 "의롭게 된 죄인"이라고도 한다. 이 말은 거듭난 성도라고 하더라도 죄의 지배와 의의 지배가 여전히 공존한다는 뜻이다.

성령으로 거듭났다고 해서 천사가 되는 것은 아니다. 그렇다고 해서 신자의 의가 죄를 마음대로 지어도 된다는 의라는 말도 아니다. 상당수의 사람들은 신자가 받은 의를 이런 식으로 오해하여 무율법주의(無律法主義)로 떨어진다. 그들은 믿음으로 의롭게 되었으니 이젠 지옥에 갈 염려는 없다고 생각한다. 의로움은 믿음으로 되는 것이지 행위로 되는 것이 아니라고 한다. 이렇게 하여 하나님께서 주신 구속을 육체의 기회로 삼으려 한다. 의를 이렇게 이해하는 사람들은 성경도 하나님의 능력도 전혀 알지 못하는 사람들이다.

바울은 "형제들아 너희가 자유를 위하여 부르심을 입었으나 그러나 그 자

---

62) 이형기, 『종교개혁신학사상』 (장로회신학대학교출판부, 1997), 39.

유로 육체의 기회를 삼지 말고 오직 사랑으로 서로 종 노릇 하라"(갈 5:13)고 가르쳤다. 또 바울은 "그런즉 우리가 믿음으로 말미암아 율법을 파기하느냐 그럴 수 없느니라 도리어 율법을 굳게 세우느니라"(롬 3:31)고 했다. 왜냐하면 믿음으로 의롭게 되었다는 말은 "하나님의 사랑이 우리 마음에 부은 바 됨"(롬 5:5)이기 때문이다. 이것을 예레미야 31장 33절에서 율법을 하나님의 백성들의 마음에 기록한 것이라고 가르친다.

그렇다면 루터가 신자를 "의인이면서 동시에 죄인"이라고 한 말의 의미가 무엇인가?

신자의 의롭게 됨이 그리스도의 대속 때문에 가능하다는 말이다. 의롭게 되었다는 말은 신자가 비로소 하나님과 올바른 관계를 맺을 수 있게 되었다는 뜻이다. 이 사실이 구약의 아브라함 사건에 잘 나타난다. 창세기 15장을 보면 하나님은 아브라함에게 언약을 주신다. 그리고 6절에서 창세기 기록자 모세는 아브라함(정확히 아브람)이 "의롭게 된" 근거를 "믿으니"로 연결시킨다. "아브람이 여호와를 믿으니 여호와께서 이를 그의 의로 여기셨다" 여기서 아브라함이 의롭게 된 것은 어떤 선행 때문이 아니다. 다시 말해서 자기 힘으로 의롭게 된 것이 아니라는 말이다. 오직 "믿음"에 근거한다. 믿음에 근거한다는 말은 은혜로 의롭게 되었다는 뜻이다.

17장으로 넘어가서 하나님은 아브라함과 맺은 언약의 표징으로 "할례"를 요구하셨다. '할례'를 요구하신 하나님의 의도를 사도 바울은 로마서 4장 11

절의 말씀을 통해 더욱 선명하게 설명해준다. "그가 할례의 표를 받은 것은 무할례시에 믿음으로 된 의를 인친 것"(롬 4:11)이라 한다. 그런데 이 할례를 신명기 30장 6절은 "마음을 다하며 뜻을 다하여 네 하나님 여호와를 사랑하게 하사 너로 생명을 얻게 하실 것"이라고 한다. 신자의 의롭게 됨의 표징은 그의 삶 속에서 하나님을 사랑하는 실제적인 증거다. 이것을 다른 말로 율법 준수라고 한다. 율법 준수는 의롭게 되는 조건이 아니다. 의롭게 된(하나님과 관계를 회복한) 사람의 열매다.

믿음으로 의롭게 된 사람에게 율법을 준수하는 삶이 나올 수밖에 없다는 사실을 바울은 로마서 1장 17절의 말씀을 통해 잘 말해준다.

"복음에는 하나님의 의가 나타나서 믿음으로 믿음에 이르게 하나니 기록된 바 오직 의인은 믿음으로 말미암아 살리라 함과 같으니라" (롬 1:17)

복음에는 하나님의 의가 나타난다. 그 의는 그냥 의가 아니다. "하나님의 의"다. 하나님의 의란 하나님께서 규정하신 의, 혹은 하나님의 엄격한 심판 앞에서 무죄로 판결된 의를 말한다. 그 의가 복음에서만 나타났다. 복음은 그 "하나님의 의"가 바로 '예수 그리스도'라고 한다. 그리스도의 의는 단순히 표면적으로 율법을 완성한 의가 아니다. 하나님을 향하여 마음과 뜻과 힘과 지혜와 목숨을 다해 사랑하고, 이웃을 자신의 몸처럼 사랑한 의이다. 이런 의는 타락한 우리의 본성으로는 결코 도달할 수 없다. 그런데 이런 의만 하나님의 심판을 무사히 통과할 수 있다.

신자는 믿음으로 이런 의의 신분을 덧입은(전가 받은) 사람이다. 그리고 그 의를 통해서 하나님의 심판을 통과하는 것만이 아니다. 히브리서 기자의 말처럼 "우리가 예수의 피를 힘입어 성소에 들어갈 담력을 얻게"(히 10:19) 된다. 성소에 들어갈 담력을 얻었다는 말은 이제 죄인이 의로우신 하나님과 사랑의 교제를 할 수 있게 되었음을 의미한다. 이와 관련하여 바울은 이러한 하나님의 의가 신자로 하여금 "믿음으로 믿음에 이르게" 한다고 한다. 쉽게 말한다면 '처음부터 끝까지 믿음으로 살게 한다'는 말이다.

믿음으로 살게 한다는 말은 그리스도와 갈등하지 않고 연합하여 살게 된다는 뜻이다. 믿음으로 의롭게 된 사람은 그 시점부터 믿음의 삶을 살게 된다. 믿음의 삶을 어떻게 산다는 말인가? 말씀과 기도로 살게 된다는 말이다. 말씀을 통해서 아버지의 뜻을 바르게 알고, 기도로 그 뜻대로 살 수 있는 능력을 공급받는다. 그 안에서 신자는 믿음으로 그리스도와 한 몸을 이루는 거룩한 삶을 살게 된다.

이제 결론적으로 '의'에 대하여 정리해 보자.

성경에서 '의'란 단순히 법률적인 문제가 아니다. 하나님께서 판단하시는 의다. 인간의 안목으로 볼 때 의롭다고 해서 의로운 것이 아니다. 또는 세상 법정에서 의롭다고 판단한다고 해서 의로운 것도 아니다. 회전하는 그림자도 없으시고 아무 흠과 점도 없으신 하나님이 인정하시는 의다. 이 의의 관점에서 본다면 우리 안목으로 볼 때, 티 같은 죄도 들보같이 취급될 수 있다. 자기 의로 가득했던 바울이 하나님의 안목으로 자신의 보게 되면서 스스로 "죄인 중에 내가 괴수"(딤전 1:15)라고 했던 것이 이를 잘 보여준다.

우리 스스로 의롭다고 생각하는 도덕적 의는 '누더기 같은 의'일 뿐이다. 이런 의로는 하나님의 나라에 들어갈 수 없다. 하나님과 교제할 수 없다. 궁극적으로 '의'에 대하여 묵상한다면 우리는 그 의를 판단하실 분이 하나님이시라는 점을 잊지 말아야 한다. 세상 법정이나 사회 분위기나 자신의 주관으로 판단하는 의가 아니다. 이런 의는 하나님께서 미워하시는 것을 의롭다고 할 때가 더 많다.

예를 들어 무조건 약자의 편을 든다던가, 성소수자의 편을 든다던가, 혹은 다수 편에 서서 어떤 대상을 무조건 적대시하는 것을 의롭다고 한다. 각자가 자기 소견에 옳은 대로 의를 규정하기도 한다. 이렇게 의가 규정될 때, 사람들은 자신을 의의 기준으로 삼는 교만에 빠진다. 이것을 우리는 흔히 '자기 의'라 한다. 이렇게 자기 의가 점점 강해지면 하나님까지 정죄하는 교만에 빠진다. 의를 이루기 위해 의의 근원 되신 하나님을 정죄한다는 것은 놀라운 역설이다. 이 역설은 하나님을 대적하면서 도리어 "이것이 하나님을 섬기는 예라"(요 16:2)고 착각하도록 한다.

성경이 가르치는 '의'는 오직 하나님께서 인정하신 의다. 그 의는 진리와 하나님을 사랑하게 하는 의다. 십자가를 지게 하는 의다. 주의 계명을 철저히 따르는 의다. 애매히 고난을 당하게 하는 의다(벧전 2:19). 때로는 세상으로부터 악이라고 규탄받기도 하는 의다(요 15:18). 이것이 그리스도에게 나타난 의다. 그리고 그리스도의 의는 부활로 그 정당성이 인정되었다.

　믿음으로 의롭게 된 신자는 이 의에 연합된다. 이 의에 연합된 신자는 자기를 부인하고 십자가를 지고 주님의 뒤를 따른다. 주님처럼 동일한 유형의 고난과 좁은 길을 걷게 된다. 이것은 의롭게 되기 위한 행위가 아니다. 단지 하나님으로부터 의롭다 칭함 받은 "표징"일 뿐이다. 이 표징은 신자가 아버지와 화해하고 아버지와 교제 안에 있음을 확인하는 성화로 나타난다. 성화는 믿음으로 의롭게 된 사람이 주님 오실 때 비로소 완성될 그리스도와의 연합을 바라보는 의로운 삶을 말한다.

> ☞ **의의 정의**
>
> 성경이 가르치는 의는 하나님께서 규정하신 의며, 그 의의 실체는 그리스도시다. 신자는 믿음으로 그 의에 연합되며 주님의 재림 때 의로운 삶이 비로소 완성된다.

분별은 개념이다

17

양자

17
양자

사람들은 특권을 누리는 것에 대하여 대단한 자부심을 갖는다. 누군가 남들이 함부로 들어갈 수 없는 장소를 아무 제재 없이 들어가게 될 때, 부러워한다. 남들이 가질 수 없는 것을 가질 수 있게 될 때도 부러워한다. 그런데 이 특권을 누리면서도 특권인지 모르는 사람이 많다. 또는 특권을 가치 없이 취급하는 사람도 있다.

성경에서 이런 사람의 대명사로 에서를 지목한다. 에서는 그의 의지와 관계없이 장자로 태어나는 특권을 받았다. 장자로 태어났다는 것은 그가 부모의 대를 이어 하나님 나라 기업을 받을 대상이 되었음을 의미했다. 그러나 그는 자신에게 주어진 특권의 가치를 알지 못했다. 그래서 팥죽 한 그릇에 장자의 명분을 동생 야곱에게 팔았다. 그의 경거망동(輕擧妄動)한 행동은 후에 히브리서 기자에 의해 "망령된 자"(히 12:16)라는 비난을 받았다.

에서의 경거망동한 행동의 근원은 자신에게 주어진 특권의 가치를 모른다는 데 있다. 그 가치를 모르기 때문에 권리를 헐값에 포기한 것이다.

오늘날 기독교인들의 문제가 바로 여기에 있다. 상당수의 교회는 신자들에게 기독교인이 되었다는 것이 무엇을 의미하는지, 또 얼마나 엄청난 특권을 부여받은 것인지 가르치지 않는다. 기껏해야 죽으면 천국에 간다는 정도가 전부일 뿐이다. 거기서 더 나아가지 않는다. 죽어서 천국에 간다는 것도 대부분의 사람들에겐 그다지 현실감 있게 여겨지지도 않는다. 그냥 막연할 뿐이다. 마치 마르다가 죽은 나사로의 무덤 앞에서 예수님이 "네 오라비가 다시 살아나리라"(요 11:23)는 부활 선언을 듣고도 아무 감동 없이 "마지막 날 부활에는 다시 살 줄을 내가 아나이다"(요 11:24)고 대답한 것과 다르지 않다. 이렇게 머리로는 인정하지만 현실적으로는 경건의 능력에 아무 기대를 하지 않는 신앙을 라이언 맥그로우[Ryan M. Mcgraw]는 "실질적인 무신론"[63]이라고 지적한다.

여기서 우리는 오늘날 팽배해 있는 기독교인들의 두 가지 문제점을 발견하게 된다. 그 첫째는 그리스도인이 된다는 것이 얼마나 위대한 특권에 참여하는 것인지 알지 못하는 무지(無知)이고, 둘째는 그 특권을 가르쳐줄지라도 전혀 실감하지 못한다는 것이다. 애석하게도 이 문제는 주로 설교자들부터 만연된 문제라는 데 있다. 상당수 설교자들은 그리스도인이 어떤 특권에 참여한 존재인지 제대로 감각하지 못하는 경우가 많다. 성경과 교리

---

[63] 라이언 M. 맥그로우, 『예배의 날』 조계광 역 (개혁된실천사, 2019), 103.

를 신학교와 책을 통해서 배웠지만 그것이 어떤 특권인지 제대로 가늠하지 못하는 경우가 많다. 예수 믿으면 육신적으로 풍요하게 된다거나 세상적으로 형통하게 된다는 방식의 특권에는 쉽게 공감한다. 그러나 예수 믿고 죄로부터 해방되고 하나님과 관계를 회복하며 날마다 천국을 누리게 되었다는 특권은 그다지 실감하지 못한다. 기껏해야 예수 믿으면 죽어도 천국 간다는 식의 막연한 특권만 강조할 뿐이다. 물론 신자가 죽어서 천국 간다는 것은 대단한 특권이다. 그러나 이보다 더 실제적이고 위대한 특권은 죄인된 인간이 '하나님과 화해한 삶'에 참여하게 되었다는 점이다. 이것을 '영생'이라 한다. 영생과 관련하여 이 놀라운 특권 중에 우리가 바르게 이해해야 할 특권은 '양자 됨'이다.

양자 됨이 특권이라는 점은 중생이나 칭의와 관련해서 이해하면 더 선명하게 이해된다. 중생은 죽었던 우리 영혼이 다시 살아나는 것이고, 칭의는 하나님과 교제할 수 있는 의롭게 된 신분을 받게 된 것이다. 중생으로 새 생명을 얻게 되었다면 칭의로 하나님과 교제를 할 수 있게 된다. 그러나 양자 됨은 또 다른 특권을 가르친다. 하나님이 우리의 아버지가 되심으로 우리의 관계가 부자의 관계가 된다는 점이다.

이것이 얼마나 위대한 축복인지 생각해 보라. 우리가 비록 중생하고 칭의되었어도 하나님과 자녀가 아닌 종의 관계로 살 수도 있다. 그러나 하나님은 우리를 자녀로 삼으셨다. 그리하여 신자는 종이 아닌 아들의 특권에 참여하게 되었다.

요한복음 1장 12절은 "영접하는 자 곧 그 이름을 믿는 자들에게는 하나님의 자녀가 되는 권세를 주셨으니"라는 말씀으로 명확하게 가르친다. 하나님은 피조물인 사람에게 친아들만 받을 수 있는 기업과 특권을 누릴 수 있게 하셨다. 이 얼마나 놀라운 특권인가? 세상의 어떤 피조물이 하나님의 자녀 되는 특권을 받을 수 있는가? 천사도 이 특권에 참여할 수 없다. 신자가 받은 특권은 바로 이런 것이다.

여기서 우리가 착각하지 말아야 할 점이 있다.

양자 교리는 신자가 친 자녀되었다는 것이 아니라, 양자로 입양된다는 것이다. 친 아들은 오직 성자 하나님뿐이다(요 1:18). 성자만이 "독생하신 하나님"이시다. 예수 그리스도를 통해서 거듭났다고 하더라도 신자들의 본질은 '피조물'일 뿐이다. 이 차이를 잊지 말아야 한다.

그러나 피조물이지만 성육신하신 예수님을 통해 다시 태어났으므로 양자로 입양된 새로운 피조물이다. 이 말씀을 바울은 로마서 8장 15절에서 "너희는 다시 무서워하는 종의 영을 받지 아니하고 양자의 영을 받았으므로 우리가 아빠 아버지라고 부르짖느니라"고 한다. 여기서 바울은 신자가 거듭날 때 받은 영을 "양자의 영"이라 한다. 신자에게 자녀의 마음을 갖게 하시는 영이라는 말이다.

주의해야 할 점이 있다. 이 표현은 오늘날 교회에 다니면서 별 감흥 없이 습관처럼 '아버지'라고 부르는 기독교인들의 태도를 지칭하지 않는다. 신자의 마음속에 하나님을 "아빠 아버지"라고 부르짖게 하시는 양자의 영은 하나님을 실질적인 아버지로 인식하게 하시는 영이라는 뜻이다. 이 때문에 로마서 8장 16절은 이 영을 "우리의 영과 더불어 우리가 하나님의 자녀인 것을 증언하시"는 영이라고 부연 설명한다.

그러면 성령께서 어떤 방식으로 "우리가 하나님의 자녀인 것을 증언" 하신다는 것인가?

첫째, 하나님을 아버지로 뜨겁게 사랑하고 의존하게 하심으로 우리가 하나님의 자녀인 것을 증언하신다.

성령님께서 신자의 마음에 내주하시면, 그 순간부터 하나님을 아버지처럼 전적으로 의지하고 사랑하게 된다. 아들 되신 성자께서 삶의 매 순간마다 아버지를 기도로 의지하고 사랑했던 것처럼 양자 된 신자들에게도 동일한 현상이 나타난다.

로마서 8장 26절을 보면 "성령도 우리의 연약함을 도우시나니 우리는 마땅히 기도할 바를 알지 못하나 오직 성령이 말할 수 없는 탄식으로 우리를 위하여 친히 간구하시느니라"고 한다. 이런 간구의 영은 양자의 영과 관련된다. 신자의 간구 행위는 성령께서 신자의 영과 더불어 하나님이 자녀인 것을 증거하시는 방식 가운데 하나다. 양자의 영은 전심으로 아버지를 의지하게 하신다. 이 때문에 기도에 힘쓰게 하시는 영이다. 이를 통해서 하나님께 대한 신뢰와 사랑이 깊어간다. 그러므로 양자의 영을 받은 성도는 기도 생활을 쉬지 않으며, 그 가운데 하나님을 점차 더 사랑하게 된다.

둘째, 양자의 영이 우리가 하나님의 자녀임을 증거하는 방식은 같은 하나님을 아버지로 여기는 다른 형제들을 사랑하게 하신다.

사도 요한은 이런 사실을 요한일서 3장 9-10절을 통해 아주 명확하게 가르친다.

"하나님께로부터 난 자마다 죄를 짓지 아니하나니 이는 하나님의 씨가 그의 속에 거함이요 그도 범죄하지 못하는 것은 하나님께로부터 났음이라 이러므로 하나님의 자녀들과 마귀의 자녀들이 드러나나니 무릇 의를 행하지 아니하는 자나 또는 그 형제를 사랑하지 아니하는 자는 하나님께 속하지 아니하니라" (요일 3:9-10)

여기서 요한은 하나님으로부터 난 자의 중요한 특징을 형제 사랑이라고 가르친다. 이 가르침은 사도신경에서 "성도가 서로 교통하심을 믿사오며"는 말씀과 일치한다. 형제를 사랑한다는 말은 그리스도의 몸 된 교회를 사랑한다는 뜻이다. 그리스도의 몸 된 교회를 사랑하는 신자의 마음은 피를 나눈 형제보다 더 깊다. 이는 마치 부부가 서로 사랑함으로써 한 몸 됨을 경험하게 되는 것과 같다. 부부는 분명히 피를 나누지 않은 남이다. 그러나 서로 마음이 통하고 사랑하게 되면서 피를 나눈 형제보다 더 사랑하게 된다. 이것이 양자 됨의 원리이기도 하다. 그러므로 교회 사랑함이 없다면 양자의 영을 받았다고 할 수 없다.

셋째, 양자의 영이 우리가 하나님의 자녀임을 증거하는 방식은 하나님의 징계를 달갑게 받는 것으로 나타난다.

히브리서 기자는 "또 우리 육신의 아버지가 우리를 징계하여도 공경하였거든 하물며 모든 영의 아버지께 더욱 복종하며 살려 하지 않겠느냐"(히 12:9)고 한다. 양자의 영을 받은 사람은 하나님을 향한 원수 감정이 사라지고 하나님을 향해 아버지 사랑을 품게 된 상태다

양자의 영을 받기 전에는 하나님께 징계를 받으면 받을수록 심하게 반항했다. 마치 원수가 자기를 책망하면 감사하게 여기기보다는 거부감과 반항심이 생기는 것과 같다. 그러나 양자의 영을 받은 신자는 하나님의 징계 앞에서 히브리서 기자의 가르침처럼 공경하는 태도를 견지하게 된다. 이런 태도를 통해서 신자는 회개와 성화를 반복하게 된다. 다윗에게 이런 모습을 쉽게 발견할 수 있다. 다윗은 우리아의 아내 밧세바를 범하고 충성된 부하 우리아를 암살했다. 그 후에 선지자를 통한 죄의 지적과 징계 선언을 들었으나 다윗은 하나님을 공경했다. 오히려 하나님을 더 경외하는 태도를 견지했다. 거듭난 신자에겐 반드시 이런 모습이 있다. 그러므로 신자는 하나님의 징계를 받으면서 겸손과 경외심을 배우게 된다.

그러면 양자의 영을 받은 신자에게 주어지는 특권은 무엇인가 생각해 보자.

첫째로 신자는 하나님과 부자(父子) 간의 친밀한 관계를 맺을 수 있다.

바울은 "너희는 다시 무서워하는 종의 영을 받지 아니하고 양자의 영을 받았으므로 우리가 아빠 아버지라고 부르짖느니라"(롬 8:15)고 한다. 종의 영과 양자의 영은 하나님을 대하는 태도의 변화를 가져온다. 양자의 영을 받은 사람은 하나님을 경외하지만, 그렇다고 해서 종처럼 의무감과 두려움으로 대하지 않는다. 신자는 더 이상 종이 아니라 아들이다(갈 4:7). 물론 하나님을 아버지로 여기게 되었다고 해서 가볍게 대할 수 있는 분이라는 뜻은 아니다.

하나님은 경외의 대상이시다. 그러나 그 경외의 대상을 단순히 두렵게 여기기만 하는 것이 아니라, 사랑과 친근함으로 대할 수 있게 되었다는 뜻이다. 이것은 전적으로 신자들만의 특권이다.

그러나 여기서 조심해야 할 점은 하나님께 대한 친근감 때문에 하나님의 영광을 가볍게 여기고 모독하는 일을 아무렇지도 않게 여기는 태도는 양자의 영을 받은 사람의 특징으로 여길 수 없다. 양자의 영은 신자로 하여금 하나님을 경외하게 하면서, 그 가운데 하나님을 사랑과 친근함으로 대할 수 있게 한다.

양자 됨의 두 번째 특권은 성령의 인도를 받게 된다는 점이다.

사도 바울은 "무릇 하나님의 영으로 인도함을 받는 그들은 곧 하나님의 아들이라"(롬 8:14)고 했다. 성령의 인도를 받는다는 것은 은사주의자들이 말하는 것처럼 영음을 듣거나, 혹은 신비적 지도를 받는다는 뜻이 아니다. 어떤 영성가는 삶 속에서 사소한 것까지 성령님의 인도를 받는다고 한다. 아침에 밥부터 먹어야 할 것인지, 혹은 독서부터 할 것인지 묻고 살아간다고 한다. 그러나 분명한 사실은 교회사 안에서 영적 거인들 가운데 이런 식으로 성령님의 인도를 받았다고 하는 사람은 없다. 이런 사람들은 주로 신비주의자들이다. 성령님은 우리가 진리를 묵상하고 이성을 사용하여 스스로 판단하면서 성숙해지기를 바라신다. 만일 우리가 신비주의자들처럼 하나부터 열까지 성령님의 인도를 받는다면 그는 어린아이의 상태를 벗어날 수 없다. 생각해 보라. 성인이 된 사람이 부모에게 목마를 때, 물을 먹어도 되느냐, 밥 먹어도 되느냐, 독서를 해도 되느냐고 묻는다면 얼마나 답답하겠는가? 이런 식의 행동은 성령의 인도를 받는 행위가 아니다.

그럼 성령의 인도를 받는다는 말이 의미하는 바가 무엇인가?

예수님은 "진리의 성령이 오시면 그가 너희를 모든 진리 가운데로 인도하시리니 그가 스스로 말하지 않고 오직 들은 것을 말하며 장래 일을 너희에게 알리시리라"(요 16:13)고 하셨다. 성령님의 인도는 신자를 진리 가운데로 인도하신다. 진리 가운데로 인도하신다는 것을 사도 바울은 그리스도께로 인도하심으로 표현한다.

> "우리가 다 하나님의 아들을 믿는 것과 아는 일에 하나가 되어 온전한 사람을
> 이루어 그리스도의 장성한 분량이 충만한 데까지 이르리니" (엡 4:13)

그리스도의 장성한 분량은 진리의 말씀을 통해서 스스로 분별과 판단을 할 줄 아는 성숙한 사람들이 되는 것을 뜻한다. 예를 들어, 사도 바울은 우상에게 드려진 고기를 먹어도 되는가에 대해 연약한 신자들이 실족하지 않도록 하기 위해 영원히 고기를 먹지 않겠다고 한다. 이것은 성령의 인도를 받아 지혜롭고 성숙하게 판단한 예이다. 이처럼 성령의 인도는 신자들로 하여금 성경의 가르침을 지혜롭고 현명하게 판단하도록 하기 위해 조명을 주시는 방식으로 나타난다. 그렇기 때문에 신학과 교리를 아무리 많이 공부를 했다 하더라도 성령의 조명(인도)이 없으면 결코 진리 가운데로 갈 수 없다. 양자의 영을 받은 사람들은 이런 놀라운 특징을 보여준다.

『천로역정』은 신자가 성령의 인도를 어떻게 받는지 잘 보여주는 대표적인 책이다. 양자의 영을 받은 신자는 수많은 오류와 미혹과 거짓 가르침, 그리고 박해 가운데서도 진리의 길을 완주할 수 있게 된다. 양자의 영이 없다면 신자는 어쩔 수 없이 오류에 빠지거나 미혹이 넘어질 수밖에 없다. 혹은 두려운 박해 가운데 배도할 수밖에 없다. 그러나 양자의 영은 순례의 길을 걸어가는 신자들로 하여금 끝까지 완주할 수 있도록 돕는 영이시다.

무엇보다 양자의 영은 신자를 훈육하심으로 나타난다. 히브리서 12장 6-7절은 성령님께서 신자들을 훈육하심으로 인도하신다는 사실을 명확하게 잘 가르쳐준다.

"주께서 그 사랑하시는 자를 징계하시고 그가 받아들이시는 아들마다 채찍질하심이라 하였으니 너희가 참음은 징계를 받기 위함이라 하나님이 아들과 같이 너희를 대우하시나니 어찌 아버지가 징계하지 않는 아들이 있으리요 징계는 다 받는 것이거늘 너희에게 없으면 사생자요 친아들이 아니니라" (히 12:6-7)

　여기서 "징계"에 해당하는 헬라어 '파이듀오'는 '훈육'으로 번역해야 할 단어다. 훈육은 그다음에 나오는 "채찍질 하심"과 분명히 구분된 용어다. 훈육은 주로 언어로 격려하고 책망하고 권면하는 것과 관련된 표현이다. 실제로 신약에서 이 단어는 '훈련시키다, 교육하다, 가르치다, 훈계하다'라는 의미로 사용되었다. 따라서 훈육(파이듀오)이란 아이가 잘못된 것을 판단하고 옳은 길을 선택할 수 있도록 안내하는 것을 의미한다.

　성령님은 자녀들을 진리 가운데로 인도하기 위해 훈육만 하시는 것이 아니다. 채찍질도 하신다. 양자로 입양된 신자들이 진리에서 벗어나거나 잘못을 범하게 될 때 훈육하고 꾸짖기도 하시며 채찍질도 하신다. 그 이유를 히브리서 기자는 "그가 받아들이시는 아들"이기 때문이라 한다. 이렇게 신자가 성령님의 간섭과 훈육을 받는 것은 큰 특권이다. 이는 마치 미국이나 영국의 상류층 아이들이 일반 아이들과 차원이 다른 양육을 받는다고 했을 때, 특권이라고 생각하는 것과 같다.

세 번째로 양자 됨의 특권은 하나님을 닮아가는 것이다.

바울은 말하기를 "사랑을 입은 자녀같이 하나님을 본 받는 자가 되라"(엡 5:1)고 한다. 또 베드로도 "너희가 순종하는 자식처럼 전에 알지 못할 때에 따르던 너희 사욕을 본받지 말고 오직 너희를 부르신 거룩한 이처럼 너희도 모든 행실에 거룩한 자가 되라 기록되었으되 내가 거룩하니 너희도 거룩할 지어다 하셨느니라"(벧전 1:14-16)고 가르친다.

양자의 영을 받았다면 그는 반드시 하나님의 거룩한 속성을 닮아가야 한다. 지혜롭고, 겸손하며, 정직하고, 진리를 사랑하고, 희생적이며, 충성되어야 마땅하다. 단순히 종교적인 존재가 되었다거나 도덕적인 변화가 있다고 해서 양자가 된 것은 아니다. 도리어 예수님은 종교적으로 투철하고 율법을 엄격하게 준수했던 유대인들을 향하여 마귀를 닮았다고 비난하셨던 것을 기억해야 한다.

주님은 유대인들을 향하여 "너희는 너희 아비가 행한 일들을 하는도다"(요 8:41)고 하였고, 또 "너희는 너희 아비 마귀에게서 났으니 너희 아비의 욕심대로 너희도 행하고자 하느니라 그는 처음부터 살인한 자요 진리가 그 속에 없으므로 진리에 서지 못하고 거짓을 말할 때마다 제 것으로 말하나니 이는 그가 거짓말쟁이요 거짓의 아비가 되었음이라"(44절)고 책망하셨다.

그들은 마귀를 닮았다. 그래서 마귀의 행동을 그대로 답습했다. 반대로 양자의 영을 받아 하나님을 닮아가는 성도는 마귀의 행동을 점점 버리고 예수님과 연합한 행동이 나타나야 한다.

마지막 네 번째로 양자 됨의 특권은 하나님의 후사(상속자)로 기업을 받게 된다는 것이다.

양자 됨의 절정은 자기를 입양한 아버지의 유산을 물려받는 데 있다. 양자도 친 아들과 함께 공동 상속자가 된다. 하나님은 놀랍게도 죄인 된 우리를 구원하셔서 그리스도와 함께 하나님 나라의 공동 상속자가 되도록 하셨다. 이 말씀은 단순히 천국에 들어가게 되었다는 것만을 의미하지 않는다. 하나님의 통치와 영광을 같이 부여받는다는 뜻이다. 장차 도래하게 될 하나님의 나라는 그냥 죽어서 가는 미지의 땅이 아니다. 그 나라는 종말에 완전히 회복될 피조세계다. 신자는 그 회복된 피조세계를 하나님의 뜻대로 통치하게 될 것이다. 이런 사실을 바울은 로마서 8장 17-21절의 말씀을 통해 선명하게 가르친다.

"자녀이면 또한 상속자 곧 하나님의 상속자요 그리스도와 함께 한 상속자니 우리가 그와 함께 영광을 받기 위하여 고난도 함께 받아야 할 것이니라 생각하건대 현재의 고난은 장차 우리에게 나타날 영광과 비교할 수 없도다 피조물이 고대하는 바는 하나님의 아들들이 나타나는 것이니 피조물이 허무한 데 굴복하는 것은 자기 뜻이 아니요 오직 굴복하게 하시는 이로 말미암음이

라 그 바라는 것은 피조물도 썩어짐의 종 노릇 한 데서 해방되어 하나님의 자
녀들의 영광의 자유에 이르는 것이니라" (롬 8:17-21)

바울의 이 가르침은 장차 도래하게 될 영원한 나라만을 제한적으로 말하
는 것이 아니다. "하나님의 아들들이 나타나는 것"은 지금부터 피조물이 고
대하는 바다. 하나님의 아들들은 피조물들이 허무한 데서 해방되어 하나님
의 자녀들의 영광의 자유에 이르기를 고대한다. 양자 된 하나님의 자녀들
은 영원한 천국이 이 땅에 완성될 때까지 그리스도와 영광을 받기 위해 고
난도 함께 받는다. 그러나 이 고난은 장차 주어지게 될 상속에 비하면 결코
비교할만한 것이 되지 못한다. 피조물의 회복과 통치를 위한 삶은 신자들
의 양자 된 영광스러운 특권이다.

☞ **양자의 정의**

양자란 피조물 된 죄인이 그리스도의 은총으로 구원받아 양아들의 신분
을 부여받고 아들의 특권에 참여하게 되는 것이다.

분
별
은

개
념
이
다

18

성화

18
성화

기독교에서 구원의 목적은 무엇인가? 이 질문에 대해서 성경 중심적으로 심도 있게 생각하지 않는 사람들은 당연히 천국에 가기 위함이라고 태연하게 대답한다. 그러나 애석하게도 이렇게 대답하는 것은 이방 종교가 추구하는 구원의 목적을 대변하는 것일 뿐이다. 기독교는 구원의 목적에 있어서 이방 종교와 근본적으로 구별된다.

그러면 기독교가 이방 종교와 근본적으로 구별된 구원의 목적이란 과연 무엇일까? 바울은 로마서 6장 4절의 말씀을 통해서 아주 노골적으로 가르친다.

"그러므로 우리가 그의 죽으심과 합하여 세례를 받음으로 그와 함께 장사되었나니 이는 아버지의 영광으로 말미암아 그리스도를 죽은 자 가운데서 살리심과 같이 우리로 또한 새 생명 가운데서 행하게 하려 함이라" (롬 6:4)

여기서 사도 바울은 예수님의 죽으심과 부활의 목적이 무엇이라고 가르치는지 보자. 그것은 "우리로 또한 새 생명 가운데서 행하게 하려 함"이라고 한다. 이것을 성경에서 한 단어로 "영생"이라고 한다. 영생이라는 단어에 대한 용어 정리는 이미 앞에서 했기 때문에 굳이 또다시 장황하게 설명하지 않을 것이다. 그러나 다시 이 용어에 대한 기억을 새롭게 하기 위해 잠시 언급한다면, 영생은 영원히 사는 것이 아니라는 사실이다. 영생은 신자가 그리스도와 연합하여 "새 생명 가운데 행하는" 삶이다. 사실 이것이 구원의 궁극적 목적이라고 할 수 있다.

물론 구원을 받으면 천국에 가게 된다는 사실을 부정하는 것은 아니다. 분명히 구원받은 사람은 천국에 들어간다. 그럼에도 불구하고 천국에 들어가는 것이 궁극적 목적은 아니다. 도리어 신자는 천국을 이루기 위해 구원을 받았다고 보는 것이 더 적절하다.

구원에 대한 용어를 정리하면서도 언급했던 것처럼 구원은 지옥에 갈 사람이 천국에 가는 것이 아니다. 총신대학교 신학대학원의 강웅산 교수가 지적한 것처럼 "개혁파 구원관에서 강조되는 중요한 특징은 구원이 죄로부터의 구원이라는 점"[64]이다. 구원을 이렇게 규정하게 되면 성화는 구원받은 신자들이 선택해야 하는 사항이 아니라 필수라는 논리가 성립된다. 과거 구원을 천당 가는 것으로 이해했을 경우, 성화(聖化)는 자연스럽게 선택의 대상처럼 이해되었다. 그러나 개혁파 구원관이 강조하는 것처럼 구원이 '죄

64) 강웅산,『구원론』(말씀과삶, 2016), 359.

의 지배로부터의 해방'이라고 규정한다면, '성화'는 선택이 아니다. 이미 시작된 구원의 확장이요, 구원받은 신자의 외적 표징이다. 강웅산 교수가 "죄에서 벗어난 것이 구원이고, 죽을 때까지 죄와 구별된 삶을 사는 것이 구원이다. 이것이 거룩이다. 그리고 이 거룩의 관점에서 구원을 말하는 것이 성화다"[65]라고 언급한 점은 정말로 적절하다.

성화가 거룩의 관점에서 구원을 말하는 것이라는 점은 존 머레이 교수가 "성화는 구속 적용의 한 부분"[66]이라고 한 것과 그 맥을 같이 한다. 여기서 머레이 교수가 성화를 "구속 적용의 한 부분"이라고 언급한 것은 그가 볼때, 구원이 적용되는 범위를 효력 있는 부르심, 중생, 칭의, 양자와 관련해서 언급했기 때문이다.

이렇게 구원이 적용된 여러 부분 가운데 우리가 유독 성화에 관심을 가져야 하는 데는 이유가 있다. 다른 여러 가지 구속의 적용은 주로 내적인 작용에 관련되어 있지만, 성화는 유독 외적인 변화를 동반하는 작용이기 때문이다. 이것을 아더 핑크A. W. Pink는 "(구원받은) 신분에서 발생하고 있는 변화에 대한 실제적 경험"[67]이라고 표현했다. 이처럼 성화는 구원받은 신자가 구원을 확신하는 객관적인 근거가 된다. 성화는 자신에게 일어난 구원을 타인들까지 인식하게 함으로써 객관성을 확보한다는 말이다. 그러므로 성화는

65) Ibid.

66) 존 머레이, 187.

67) 아더 핑크, 『성화론』, 서창원 역 (진리의깃발, 1995), 25.

한 사람의 구원에 대한 확실성을 갖게 만드는 표징이다.

표징에 대해서는 이미 앞에서도 언급한 적이 있다. 그럼에도 불구하고 성화를 언급하는 데 있어서 표징을 다시 언급하지 않을 수 없다. 왜냐하면 표징으로서 성화는 신자가 하나님의 언약 백성이 되었음을 하나님께서 스스로 입증하는 계약서의 '서명'과 같기 때문이다. 서명이라는 것이 무엇이라고 했는가? 계약의 당사자가 아니면 아무도 위조할 수 없는 표식이다. 이런 차원에서 성화는 인간의 타락한 본성으로는 결코 흉내 낼 수 없는 열매다. 예수님의 말씀처럼 '사람으로는 할 수 없으나 하나님만 할 수 있는' 것이 바로 '성화'이다. 그러므로 성화야말로 하나님께서 그의 택한 백성들을 그의 언약 안에 품으셨다는 가장 명확한 표징이다.

여기서 우리는 성화를 구원의 확실성과 연관 지어 이해하는 것이 종교개혁의 전통이요, 청교도들의 주된 관점이라는 점을 잊지 말아야 한다. 이 관점은 후에 프로테스탄트 윤리와 함께 자본주의 정신을 이루는 기초가 되기 때문이다.

여기서 가톨릭과 기독교의 구별이 나타난다. 가톨릭은 성화가 '구원의 근거'가 된다고 생각했다면, 기독교는 성화가 '구원의 확실성'의 근거가 된다. 쉽게 말해서 가톨릭은 거룩한 삶을 살아야 구원을 받을 수 있다고 본다면, 기독교는 구원을 받은 사람이라면 거룩한 삶이 나타나게 된다는 말이다. 어찌 보면 이 표현이 말장난처럼 보일 수 있다. 그러나 이 명제는 거룩한 삶의 원천이 어디에 있는가를 규정하는 본질적인 표현이다. 가톨릭은 '내가 의롭게 살아야' 구원을 받는다고 한다면, 기독교는 '죄로부터 자유롭게 되었다면' 거룩한 삶이 나오는 것이 당연하다고 보는 것이다. 이 논리는 또한 구원에 대한 이해의 차이에서 나온다. 가톨릭은 구원을 '천국에 들어가는 것'이라고 보기 때문에 행위를 강조할 수밖에 없다면, 기독교는 구원을 '죄의 지배로부터 해방'이라고 보기 때문에 구원받은 자가 거룩한 삶을 살 수밖에 없다는 논리다.

그러면 이제 '성화'가 무엇인지 생각해 보자.

성화에 해당하는 영어 단어는 'Sanctification'이다. 이 용어를 신자가 도덕적인 존재가 된다는 것으로만 이해하는 것은 핵심을 못 보는 것이다. 웨인 그루뎀이 표현한 것처럼 "성화란 우리로 하여금 점점 더 죄로부터 멀어지고 실제의 삶 가운데 그리스도를 닮아가도록 하는 하나님과 인간의 점진적인 일"[68]로 이해하는 것이 적절하다. 다시 말해서 성화란 '그리스도를 닮아 자라가는 것'이다. 그러나 여기서 우리가 오해하기 쉬운 점은 '성화'를 하나님처럼 되는 과정으로 이해하지 말아야 한다는 점이다. 이런 식으로 이해하는 것은 이방 종교적이며, 철학적이다. 성화에서 초점을 맞추는 대상은 마지막 아담(인성)으로서의 예수 그리스도이시다.

예수 그리스도의 오심은 첫 아담의 실패와 직결된다. 구원은 첫 아담의

---

[68] 웨인 그루뎀, 『조직신학·중』, 노진준 역 (은성, 1996), 394.

실패로 멸망하게 된 인류를, 마지막 아담이신 예수님이 오셔서 승리하심으로 새로운 인류를 창조하시는 것과 관련된다. 그러므로 바울은 "기록된 바 첫 사람 아담은 생령이 되었다 함과 같이 마지막 아담은 살려 주는 영이 되었나니"(고전 15:45)라고 가르친다.

그런데 문제는 성화를 신자가 '신화'(하나님처럼/神化)되는 것으로 오해하는 사람들이 있다는 것이다.

이들은 신자가 마지막 아담이신 예수님 안에 있는 하나님의 형상에 참여하는 것으로 이해하지 않는다. 신비적 체험을 통해 하나님처럼 되는 것이라고 생각한다. 그러므로 이들은 성화를 위해 신비적 체험이나 내면의 빛을 추구한다.

이들에겐 예수님의 도덕적, 이성적 탁월성에는 별 관심이 없다. 하나님의 말씀과 교리에 대한 이해에 무관심하고 좁은 문으로 들어가려 하지 않는다. 주로 영적인 능력을 배양하고 강화시키는 데만 관심을 가질 뿐이다. 관상기도를 통해 합일을 추구하고, 영적으로 들리는 신비한 음성과 환상을 보며, 신비체험하는 것이 성화라고 생각한다. 이들은 성화의 과정에 들어갈수록 자신이 다른 사람들보다 우월한 사람이라는 교만이 은연중에 내재된다. 놀랍게도 이런 사람들에게 주의 이름으로 다양한 은사와 능력과 권능과 기적이 나타나지만, 이런 사람들을 향한 예수님의 선고는 단호하다.

"그 날에 많은 사람이 나더러 이르되 주여 주여 우리가 주의 이름으로 선지자 노릇 하며 주의 이름으로 귀신을 쫓아 내며 주의 이름으로 많은 권능을 행하지 아니하였나이까 하리니 그 때에 내가 그들에게 밝히 말하되 내가 너희를 도무지 알지 못하니 불법을 행하는 자들아 내게서 떠나가라 하리라" (마 7:22-23)

성화에 대한 또 잘못된 이해는 실존주의적 관점에서 성화를 이해하는 것이다.

실존주의적 관점에서 성화는 주로 주관적 깨달음에 초점을 맞춘다. 성경이 가르치는 객관적인 진리가 중요한 것이 아니다. 자신이 성경을 읽거나 다른 책을 읽을 때, 주관적으로 깨달음을 갖고 의지적 결단을 하는 것을 성화라고 생각한다. 키에르케고르^{Kierkegaard}가 "신 앞에서의 단독자"라고 한 말은 이런 맥락에서 이해해야 한다. 그러므로 이명곤 교수는 "키에르케고르에게 있어서 진리는 나의 깨달음이다"[69]라고 한다. 여기서 깨달음이란 객관적 진리에 의한 주관적 적용이 아니다. 단지 막연한 신이라는 존재 앞에서 모든 합리성을 다 포기하고 주관적인 깨달음을 갖고 의지적 결단을 하는 것일 뿐이다. 불교의 참선과 그 맥락을 같이 할 수 있다. 실제로 이렇게 깨달음을 통해 불자(佛者)들이 목표하는 것은 성불(成佛)하는 것이다. 주관적 깨달음을 통해 하나님처럼 되는 것이다. 너무도 흡사하지 않은가?

이것을 기독교 안에서 이해하려면 Q.T.를 생각하면 된다. Q.T.는 성경이

<hr />

[69] 정태홍, 『도약반대론』 (RPT, 2019), 92.

말하는 의도에는 관심을 두지 않는다. 묵상을 하는 주체는 단지 성경을 읽는 가운데 자기 마음에 잡히는 깨달음이 중요할 뿐이다. 이 깨달음 가운데 그리스도라는 중보자는 별 의미가 없다. 단지 말씀과 자신이라는 하나님 앞에서의 단독자만 있을 뿐이다. 만일 여기서 깨닫는 부분이 있다면 어떤 합리적 이유와 근거도 생각할 필요는 없다. 그냥 의지적으로 순종하면 된다. 그리고 이런 태도가 바로 성화라고 생각한다.

또 한 가지 더 성화에 대하여 집고 넘어가야 할 사항이 있다.

그것은 자신이 죄인 임을 깨닫는 것 자체를 성화라고 생각하는 태도다. 과거 고인이 된 어떤 목사는 자신이 얼마나 큰 죄인인지 알아가는 것이 성화라고 가르치곤 했다. 상당수의 사람들은 그 가르침에 현혹되어 불경건한 삶을 살고 회개하지 않으면서도 자신이 죄인 임을 자각하게 된 것을 성화라고 믿었다. 이들의 특징은 자신이 얼마나 큰 죄인지 자각하는 것 자체를 일종의 의(義)로 여겼다는 점이다. 이들은 자신이 죄인 임을 자각하는 것을 통해서 자신의 죄인 됨을 자각하지 못하는 사람들 앞에 우월의식을 갖곤 한다. 분명히 말하지만 성화는 자기가 죄인이라는 자각에서 끝나지 않고 죄를 버리고 회개하는 것까지 가야 한다.

마지막으로 우리가 흔히 범하는 성화에 대한 오해가 있다.

그것은 도덕적 변화를 성화라고 본다는 점이다. 성경에서 이런 오류를 가장 많이 보여준 사람들이 바로 바리새인들이다. 그들은 율법적으로 거의 흠잡을 것이 없어 보일 정도였다. 이들의 율법적 엄격성과 관련하여 과거에 바리새인으로 살았던 바울도 자신의 과거를 "율법의 의로는 흠이 없는 자"(빌 3:6)였다고 한다. 그러나 애석하게도 이렇게 율법적으로나 도덕적으로 흠잡을 것 없는 삶이 성화는 아니라는 것이다. 바울도 스스로 고백하지만, 예수님도 이런 바리새인들을 가장 혐오하셨다.

그러면 성경이 가르치는 '성화'의 본질은 무엇인가?

그것은 중생을 통해서 변화된 신자가 "죄가 점점 극복되고 거룩함이 점차 생기고 자라나게 되는 것"[70]이다. 여기서 중요한 점은 성화가 그리스도 안에 있는 하나님의 형상에 참여하는 것이라는 점이다. 이것을 바울은 고린도전서 3장 18절에서 "우리가 다 수건을 벗은 얼굴로 거울을 보는 것 같이 주의 영광을 보매 그와 같은 형상으로 변화하여 영광에서 영광에 이르니 곧 주의 영으로 말미암음이니라"라고 했다.

성화는 단순히 도덕적인 변화가 아니다. "그(主)와 같은 형상으로 변화하여 영광에서 영광에 이르는 것"이다. 그러므로 그리스도 안에서 나온 것이 아니라면 아무리 도덕적인 것이라고 하더라도 결코 성화로 볼 수 없다. 그 영광은 오직 하나님으로부터 나오는 것이어야 한다. 하나님 없이 우리의 의지와 생각과 성품, 혹은 기질에서 나오는 것은 아무런 의미가 없다. 이것

---

70) 존 머레이, 193.

은 하나님의 영광이 아니라 자기의 영광일 뿐이다. 하나님께서 마지막 심판대에서 우리를 심판하실 때, 우리의 도덕성을 보지 않을 것이다. 하나님은 우리 속에 그리스도의 영광을 찾을 것이다. 만일 우리가 이 세상에서 도덕적으로 살고, 종교적인 열심을 가지고 살았다고 하더라도 그리스도의 영광과 향기를 드러내지 못한다면 영멸에 떨어질 것이다.

따라서 성경이 가르치는 성화의 범주 안에 들어가려면 신자는 첫째 믿음으로 그리스도 안에 머물러야 한다. 둘째로 신자는 하나님을 사랑하는 것이어야 한다. 셋째는 계시, 즉 성경의 말씀(교리)에 부합해야 한다. 마지막 네 번째로 신자는 성령으로 자기를 부인하고 순종하는 태도를 견지해야 한다. 이것을 통해서 우리는 마지막 아담이신 그리스도 예수 안에 있는 하나님의 영광에 참여하게 된다.

여기서 필자는 성화에서 가장 논란이 많은 부분을 다루고자 한다. 즉 성화를 이루는 주체가 누구인가 하는 것이다. 내가 결단해야 성화가 이루어지는 것인가? 아니면 성화는 하나님의 단독 사역이므로 인간의 의지가 아무 필요 없는 것인가? 그것도 아니면 성화는 '신인협력'으로 이루어지는 것인가? 하는 것이다.

우리가 이 문제에 접근하는 데 있어서 무엇보다 염두에 두어야 할 점이 있다.

그것은 "성화에 있어서 성령의 역사 방식은 신비에 쌓여 있다"[71]는 점이다. 그러므로 우리는 성화에서 성령의 역사와 인간의 의지가 어떻게 작동하는지 정확히 알 수 없다. 그럼에도 불구하고 성화에 대한 전통적인 개혁파의 가르침은 '하나님의 주권'이라는 것이다.

여기서 '성화'를 '하나님의 주권'이라고 한 말이 모호하게 들릴 수 있다. 우리는 이 말을 좀 더 명확하게 이해해야 한다. 성화가 하나님의 주권이라는 말은 성화를 주도하시는 분이 하나님이시라는 뜻이다. 이 하나님은 삼위일체적으로 신자의 성화를 인도하신다. 먼저 성부 하나님께서는 신자의 성화 정도를 작정하신다. 성자 하나님은 성화의 객관적 기반을 제공하신다. 그리고 성령 하나님은 신자 개개인에게 성화를 적용하신다.

여기서 성화를 이룰 때, 성령님이 하시는 방식이 중요하다.

성령 하나님은 반드시 성화의 수단으로 말씀과 기도를 사용하신다는 점이다. 성령님은 이 성화의 수단을 통해서 신자들로 하여금 성화의 삶을 살도록 의지를 독려하신다. 성령님께서 사용하시는 성화의 수단도 성령님께서 주도하신다. 성령님은 말씀을 바르게 깨닫게 하셔서 의지를 올바른 방향으로 향하도록 하신다. 그리고 그 올바른 방향으로 의지가 움직이도록 힘을 주신다. 여기서 성령님의 일하심과 우리의 의지가 완벽한 조화를 이룬다. 그래서 우리는 어디부터 내 의지이고, 어디부터 성령님의 의지인지

---

71) Ibid., 194.

분간하기 어렵다. 여기서 사람들은 성화가 '신인협력'(神人協力)이라고 착각한다. 다시 말해서 성화는 하나님께서 감동을 주셨을 때, 인간이 의지적으로 협력하여 이루어지는 것이라고 생각한다는 말이다. 그러나 이에 대해 존 머레이 교수는 아주 명쾌하게 반박한다.

> 우리 안에 이루시는 하나님의 역사는 우리가 일하기 때문에 정지되는 것이 아니고, 반면 우리의 활동이 하나님의 역사 때문에 중단되는 것도 아니다. … (성화는) 상호협조의 관계가 아니다. 하나님은 우리 안에서 일하시고 우리는 또한 그 안에서 일하시는 관계이다. 그러나 그 관계는 하나님이 일하시기 때문에 우리가 일하는 관계이다.[72]

이러한 머레이 교수의 주장을 들어보면 성화란 하나님께서 주도권을 잡고 인간의 의지를 자발적으로 움직이도록 하여 이끌어 가시는 은혜의 사역임을 알 수 있다. 놀라운 점은 이렇게 삼위일체 하나님께서 섭리적으로 이끌어 가시는 성화 사역은 우리가 영적으로 침체한 상황, 혹은 죄로 넘어지는 상황까지 합력하여 선을 이루신다는 사실이다.

신자의 성화는 소위 영적으로 충만하다고 느끼는 방식으로만 이루어지지 않는다. 하나님은 신자가 다윗처럼 죄로 넘어지는 상황을 사용하시기도 하시고, 때로는 욥처럼 영적으로 침체된 것처럼 보이는 상황도 사용하신다. 그러므로 사도 바울은 "우리가 알거니와 하나님을 사랑하는 자 곧 그의

---

72) Ibid., 106-197.

뜻대로 부르심을 입은 자들에게는 모든 것이 합력하여 선을 이루느니라"(롬 8:28)고 가르친 것이다. 뿐만 아니라 "범사에 감사하라"고 하면서 "이것이 그리스도 예수 안에서 너희를 향하신 하나님의 뜻"이라고 한 것이다(살전 5:18).

그러므로 신자는 성화를 자기의 공로로 치부할 수 없다. 이 모든 것이 하나님의 은혜라고 고백할 뿐이다.

☞ **성화의 정의**

성화란 거룩하신 삼위 하나님께서 신자들 안과 밖에서 일하심으로 하나님의 영광으로 변모시키시는 과정이다.

신앙 개념 시리즈

사랑하는 여러분,
저는 여러분에게 정말로 강조하고 싶은 것이 있습니다.
그것은 교회의 존재 목적을 분명하게 인식하는 것입니다.

오늘날 기독교의 문제는 교회가 무엇인지,
무엇을 위해 존재하는지 제대로 알지 못한다는 데 있습니다.

하나님께서 이 세상에 인간을 창조하신 목적은
온 세상을 지성소가 되도록 경작하는 데 있었습니다.

우리는 하나님과 모든 피조물이 함께 사는 삶의 터전을 경작하는
봉사자로 살도록 부름 받은 것입니다.
우리, 그 길을 함께 걸어갑시다.

김민호 목사의 『성도의 어머니 교회』에서